comportamento do consumidor:
um olhar científico sobre como e por que consumimos

DIALÓGICA

O selo DIALÓGICA da Editora InterSaberes faz referência às publicações que privilegiam uma linguagem na qual o autor dialoga com o leitor por meio de recursos textuais e visuais, o que torna o conteúdo muito mais dinâmico. São livros que criam um ambiente de interação com o leitor – seu universo cultural, social e de elaboração de conhecimentos –, possibilitando um real processo de interlocução para que a comunicação se efetive.

EDITORA
intersaberes

comportamento do consumidor:
um olhar científico sobre como e por que consumimos

Lucas Magalhães de Andrade
Ademir Moreira Bueno

EDITORA intersaberes

Rua Clara Vendramin, 58 . Mossunguê
CEP 81200-170 . Curitiba . PR . Brasil
Fone: (41) 2106-4170
www.intersaberes.com
editora@editoraintersaberes.com.br

Conselho editorial Dr. Ivo José Both (presidente); Dr.ª Elena Godoy; Dr. Neri dos Santos; Dr. Ulf Gregor Baranow
Editora-chefe Lindsay Azambuja
Supervisora editorial Ariadne Nunes Wenger
Analista editorial Ariel Martins
Preparação de originais Ana Maria Ziccardi
Edição de texto Caroline Rabelo Gomes
Fabia Mariela de Biasi
Capa Luana Machado Amaro (*design*)
axis213 e litchima/Shutterstock (imagens)
Projeto gráfico Bruno Palma e Silva
Diagramação Andreia Rasmussen
Equipe de design Charles Leonardo da Silva
Iná Trigo
Iconografia Celia Kikue Suzuki
Regina Claudia Cruz Prestes

Dados Internacionais de Catalogação na Publicação (CIP)
(Câmara Brasileira do Livro, SP, Brasil)

Andrade, Lucas Magalhães de
  Comportamento do consumidor: um olhar científico sobre como e por que consumimos/Lucas Magalhães de Andrade, Ademir Moreira Bueno. Curitiba: InterSaberes, 2020.

  Bibliografia.
  ISBN 978-85-227-0176-6

  1. Comportamento do consumidor 2. Comportamento do consumidor – Aspectos sociais 3. Consumidores – Aspectos psicológicos 4. Consumidores – Aspectos sociais 5. Consumo (Economia) – Aspectos sociais 6. Marketing – Administração I. Bueno, Ademir Moreira. II. Título.

  19-30649   CDD-658.8342

Índices para catálogo sistemático:
1. Comportamento do consumidor: Administração de empresas 658.8342

Cibele Maria Dias – Bibliotecária – CRB-8/9427

1ª edição, 2020.

Foi feito o depósito legal.

Informamos que é de inteira responsabilidade dos autores a emissão de conceitos.

Nenhuma parte desta publicação poderá ser reproduzida por qualquer meio ou forma sem a prévia autorização da Editora InterSaberes.

A violação dos direitos autorais é crime estabelecido na Lei n. 9.610/1998 e punido pelo art. 184 do Código Penal.

sumário

prefácio, 9
apresentação, 13
como aproveitar ao máximo este livro, 19

capítulo 1
contexto histórico
23

Evolução histórica e social do consumo, 25
Consumo sob os olhares econômico
e sociológico, 27
Consumo sob o olhar mercadológico, 31
Da utilidade ao hedonismo, 33
Simbologia do consumo, 36

capítulo 2
fatores de decisão
43

Fatores sociais e culturais, 46
Fatores pessoais e situacionais, 48
Grupos de referência, 68
Papel da família na tomada de decisão, 74

capítulo 3
processo de decisão
91

Satisfação do consumidor, 94
Psicologia do consumidor, 113
Percepção, 116
Processo de decisão de compra, 123

capítulo 4
influenciando a escolha
141

Papéis no processo
de decisão de compra, 143

Tipos de decisão de compra, 148

Métodos e técnicas de pesquisa
do comportamento do consumidor, 154

Motivação, valores, atitudes
e persuasão, 168

Elementos sensoriais
no ponto de venda, 180

capítulo 5
consumidores e marcas
201

Aprendizagem e memória, 203

O eu, personalidade e estilo de vida, 207

Envolvimento com a marca, 211

Papel das comunidades de marca, 218

Futuro das marcas, 221

capítulo 6
aspectos globais
237

Gerações *baby boomers*, X, Y, Z, 239

Curva de adesão, 246

Comportamento do consumidor de serviços, 248

Comportamento do consumidor organizacional, 254

Cenário dos consumidores globais e brasileiros, 260

Consumo consciente: impactos éticos, sociais e ambientais, 265

considerações finais, 279

referências, 283

respostas, 293

sobre os autores, 299

UNINTER

prefácio

Prefaciar este livro escrito por Ademir Bueno e Lucas de Andrade, profissionais competentes e reconhecidos na academia por suas publicações, é uma grande honra.

Admiro muito o professor Ademir, que conheci quando implantamos os cursos semipresenciais no Centro Universitário Internacional Uninter, em 2013. Como um dos pioneiros nessa nova metodologia, é capaz de quebrar paradigmas ao deixar de atuar como transmissor do conhecimento para ser mediador e facilitador do processo de ensino/aprendizagem. Ademir é um profissional engajado e comprometido com a entrega de resultados.

O professor Lucas, mestre em Administração com ênfase em Estratégias de Marketing, pesquisa temas da ciência comportamental, como comportamento do consumidor e inteligência de mercado. É reconhecido pela qualidade dos materiais didáticos produzidos para os cursos do Centro Universitário Internacional Uninter, e esta obra, escrita em parceria com o professor Ademir, é um belo exemplo disso.

Neste livro, Ademir e Lucas abordam informações relevantes e de profunda riqueza para que o leitor compreenda o comportamento do consumidor como alicerce para o desenvolvimento de estratégias assertivas de marketing. Entender como as necessidades humanas podem ser satisfeitas, identificar como o consumidor processa as informações e conhecer os elementos influenciadores da tomada de decisões são fatores fundamentais para o desenvolvimento de estratégias que façam a marca presente em diversas situações.

Isso é ainda mais significativo no contexto atual, em que os consumidores estão mais empoderados e têm acesso a inúmeras informações sobre produtos e serviços, instigando as empresas a ser cada vez mais criativas ao ofertar valor para gerar encantamento.

Os autores analisam as características das diversas gerações de consumidores e o impacto delas nos padrões de consumo, deixando claro que o conhecimento das diferentes gerações de consumidores é essencial para os gestores de marketing. Nesta, que é considerada a Era da Informação, é impensável uma estratégia de marketing bem-sucedida que não considere os perfis das gerações X, Y e Z (atualmente, há pesquisas voltadas a conhecer o perfil da geração Alpha), portanto, os profissionais de marketing devem entendê-los para satisfazê-los.

As influências do contexto de consumo sobre as decisões de compra, como fase no ciclo de vida, estrutura familiar, variáveis demográficas, entre outras, são altamente relevantes para entender a escolha dos consumidores. Assim, as empresas delas se valem para proporcionar experiências positivas de consumo, em que o valor percebido deve ser o maior possível.

Com o crescente aumento da interatividade e da disseminação de informações, as opiniões dos consumidores acabam contribuindo de forma marcante para a tomada de decisão de compra. Nesse contexto histórico e social de rápidas e profundas mudanças, com o aumento do nível de conectividade, o marketing digital torna-se ferramenta fundamental dos gestores. As pessoas estão cada vez mais conectadas nas redes sociais, portanto, as empresas precisam preparar canais como *site*, *blog*, página nas redes sociais etc. para atender a esse novo perfil de consumidores, que se conectam fortemente com as marcas, concretizando compras.

À medida que você avançar na leitura desta obra, constatará que o conhecimento sobre o comportamento do consumidor é de vital importância, pois de acordo com ele é que serão definidas as estratégias a serem adotadas para influenciar na compra do produto ou na contratação do serviço. Ademais, consumidores satisfeitos são mais propensos a dar uma boa avaliação da marca para seus conhecidos. Cabe ao gestor de marketing atentar-se para o ambiente interno e externo e realizar pesquisas para conhecer quais fatores os consumidores percebem como positivo.

Ademir e Lucas reforçam que há métodos e técnicas para realizar pesquisas com consumidores, pois é por meio do desenvolvimento de inúmeros estudos que as empresas são capazes, cada vez mais, de criar valor no atendimento das necessidades dos clientes.

Os autores destacam que um profissional realmente qualificado está sempre em busca de mais conhecimento. Portanto, fique atento às mudanças culturais, políticas e sociais que podem afetar o comportamento de compra dos consumidores. Agindo assim, você, futuro gestor, será capaz de desenvolver estratégias de marketing que reforcem o posicionamento da empresa e a preferência dos produtos ofertados.

Bons estudos!

Vanessa Estela Kotovicz Zeballos Rolon
Doutora em Administração

apresentação

O que guia nosso comportamento de compra? Essa é uma pergunta fundamental para qualquer gestor de marketing. Entender as bases do comportamento do consumidor é o que diferencia os bons profissionais daqueles que ficam à mercê da sorte, acreditando que uma boa campanha é apenas uma questão de criatividade. Conhecer os processos que os consumidores desenvolvem em situações de consumo possibilita prever, com alguma dose de precisão, qual será a reação do público.

Você possivelmente já ouviu o velho ditado que circula nas organizações: "Na prática, a teoria é outra". Ao contrário dos que advogam por essa frase, acreditamos que, na prática, a teoria é a mesma. Um profundo conhecimento das teorias da ciência comportamental permite ao profissional desenvolver ações que despertem nos consumidores a reação desejada.

Richard Thaler, ganhador do prêmio Nobel de Economia em 2017, em sua obra *Nudge*, em coautoria com Cass Sunstein, conta um caso que ilustra muito bem o que queremos dizer: Em uma reserva natural de floresta petrificada nos Estados Unidos, muitos turistas, durante a trilha, pegavam pedaços de madeira petrificada para levar para casa como *souvenir*. O problema é que essa prática danificava o patrimônio natural e, portanto, havia uma regra que a proibia. Para orientar os turistas, foi colocada uma placa na trilha pedindo que as pessoas não fizessem isso e informando que essa conduta, adotada por muitos visitantes, danificava a reserva. Para a surpresa da administração do parque, um estudo mostrou que, após a inserção do aviso, mais pedaços foram retirados (Thaler; Sunstein, 2008).

Essa história mostra que somos todos seres desprezíveis, ansiosos por fazer o mal? Certamente não, significa apenas que temos tendência a nos comportar de modo coerente com o que percebemos ser comum em nosso grupo. Com esse simples conhecimento, certamente a administração do parque poderia ter evitado uma boa dose de degradação.

Nosso objetivo, com este livro, é apresentar a você, leitor, o vasto campo de conhecimento da ciência comportamental aplicada ao consumo, buscando sempre mostrar como a teoria se manifesta, bem como pode ser usada para entender a prática.

Ao longo desta obra, buscamos ajudá-lo a desenvolver uma percepção constante e atenta dos fatores que direcionam o comportamento humano. Em outras palavras, ao observar uma peça publicitária, um simples comunicado direcionado a um público ou, até mesmo, o desenvolvimento de uma política pública, você deverá refletir sobre as bases comportamentais que estão operando por trás dessas intervenções.

Pretendemos também estimular um olhar científico sobre a gestão de marketing em uma organização. É muito comum, principalmente em meios que dependem da criatividade, que se forme a crença de que o profissional competente é aquele que tem uma boa intuição sobre o mercado. Nossa intenção é desmistificar essa crença, pois entendemos que o comportamento humano pode revelar padrões fascinantes e previsíveis. Assim, estudá-lo de maneira sistemática é o primeiro passo para que o resultado das decisões de marketing seja mais previsível.

Considerando tais objetivos, este livro se destina a qualquer pessoa que tenha interesse em explorar o potencial do conhecimento científico acerca do comportamento humano para direcionar a tomada de decisão nas situações enfrentadas no cotidiano das organizações. Entre essas pessoas, destacamos dois públicos principais: estudantes de negócios, pois esse repertório contribui para a formação de um arcabouço teórico que os ajudará a compreender os elementos comportamentais que encontrarão em sua atuação profissional, e profissionais de marketing, que poderão desenvolver um olhar criterioso e científico sobre o desempenho de suas funções.

Iniciaremos trazendo alguns pressupostos fundamentais para o estudo do comportamento do consumidor por meio de uma perspectiva histórica sobre seu desenvolvimento e, posteriormente, discutiremos diferentes ângulos pertinentes a essa análise. Em seguida, vamos explorar como o contexto em que o consumidor toma uma decisão pode influenciar sua escolha, apresentando a você um panorama dos fatores que devem ser mapeados para a compreensão de como essas forças atuam especificamente em seu público.

Depois, trataremos do que acontece na mente do consumidor e como ocorre o processo de decisão de compra – um dos conceitos centrais do estudo do comportamento de consumo sob uma lógica transacional –, traçando um panorama para compreender o percurso do consumidor desde a identificação de uma necessidade até a reação resultante de sua escolha. Esse processo de decisão de compra é explorado mais a fundo no capítulo seguinte, no qual abordaremos os elementos do contexto desse processo sob duas perspectivas: aqueles que são internos e aqueles que são externos ao consumidor.

Na sequência, discorreremos sobre o universo das marcas, explicando a você os processos pelos quais elas são formadas no imaginário do consumidor, bem como a internalização delas. Mais adiante, exploraremos o desenvolvimento dos vínculos de relacionamento entre o consumidor e a marca, além das implicações das características desses vínculos que se formam.

Finalizaremos nossa jornada discutindo implicações de algumas relações específicas de consumo, como as diferenças geracionais e culturais, o mercado de serviços e o mercado organizacional. Abordaremos, ainda, a responsabilidade ética do profissional de marketing, analisando também movimentos que podem ser percebidos entre os próprios consumidores em busca de formas mais responsáveis de consumo e as limitações que ainda podem ser observadas nesse cenário.

Vamos começar esse percurso? Desejamos que tenha uma ótima leitura e que se aproprie desses conhecimentos como ferramentas para direcionar sua atuação.

UNINTER

como aproveitar ao máximo este livro

Empregamos nesta obra recursos que visam enriquecer seu aprendizado, facilitar a compreensão dos conteúdos e tornar a leitura mais dinâmica. Conheça a seguir cada uma dessas ferramentas e saiba como elas estão distribuídas no decorrer deste livro para bem aproveitá-las.

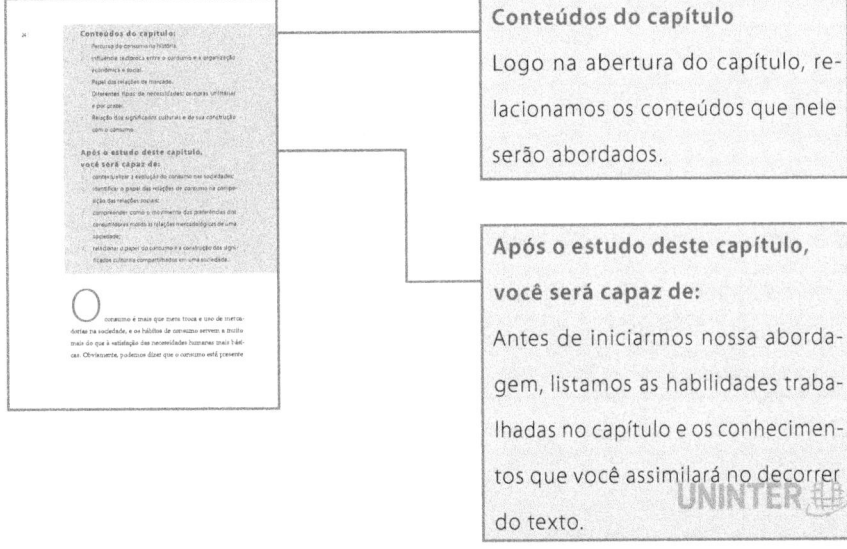

Conteúdos do capítulo

Logo na abertura do capítulo, relacionamos os conteúdos que nele serão abordados.

Após o estudo deste capítulo, você será capaz de:

Antes de iniciarmos nossa abordagem, listamos as habilidades trabalhadas no capítulo e os conhecimentos que você assimilará no decorrer do texto.

Para saber mais

Sugerimos a leitura de diferentes conteúdos digitais e impressos para que você aprofunde sua aprendizagem e siga buscando conhecimento.

Importante!

Algumas das informações centrais para a compreensão da obra aparecem nesta seção. Aproveite para refletir sobre os conteúdos apresentados.

Fique atento!

Ao longo de nossa explanação, destacamos informações essenciais para a compreensão dos temas tratados nos capítulos.

Estudo de caso

Nesta seção, relatamos situações reais ou fictícias que articulam a perspectiva teórica e o contexto prático da área de conhecimento ou do campo profissional em foco com o propósito de levá-lo a analisar tais problemáticas e a buscar soluções.

Síntese

Ao final de cada capítulo, relacionamos as principais informações nele abordadas a fim de que você avalie as conclusões a que chegou, confirmando-as ou redefinindo-as.

Questões para revisão

Ao realizar estas atividades, você poderá rever os principais conceitos analisados. Ao final do livro, disponibilizamos as respostas às questões para a verificação de sua aprendizagem.

Questões para reflexão

Ao propor estas questões, pretendemos estimular sua reflexão crítica sobre temas que ampliam a discussão dos conteúdos tratados no capítulo, contemplando ideias e experiências que podem ser compartilhadas com seus pares.

capítulo 1
contexto histórico

Conteúdos do capítulo:

» Percurso do consumo na história.
» Influência recíproca entre o consumo e a organização econômica e social.
» Papel das relações de mercado.
» Diferentes tipos de necessidades: compras utilitárias e por prazer.
» Relação dos significados culturais e de sua construção com o consumo.

Após o estudo deste capítulo, você será capaz de:

1. contextualizar a evolução do consumo nas sociedades;
2. identificar o papel das relações de consumo na composição das relações sociais;
3. compreender como o movimento das preferências dos consumidores molda as relações mercadológicas de uma sociedade;
4. relacionar o papel do consumo e a construção dos significados culturais compartilhados em uma sociedade.

O consumo é mais que mera troca e uso de mercadorias na sociedade, e os hábitos de consumo servem a muito mais do que à satisfação das necessidades humanas mais básicas. Obviamente, podemos dizer que o consumo está presente nas sociedades desde o início da humanidade, porém a forma como consumimos passou por revoluções significativas à medida que desenvolvemos novas tecnologias e novos arranjos sociais, conforme veremos ao longo deste capítulo.

Evolução histórica e social do consumo

Não há consenso entre os pesquisadores quanto ao início da sociedade de consumo moderna (McCracken, 2003). Alguns consideram a surpreendente aceitação de produtos como a chita e a musselina, vindos da Índia, pelos consumidores europeus como marco inicial, sendo reflexo da época das grandes navegações iniciadas no século XV. Surgiu, desse contexto, um período de significativas inovações na indústria da moda, o que gerou uma mudança profunda na forma de a sociedade satisfazer uma necessidade tão básica como o vestuário.

As mudanças iniciadas nesse período não eram novidade, visto que o comércio entre países distantes já ocorria em épocas anteriores, como na Rota da Seda, por onde a seda produzida na China era levada até a Europa. No entanto, foi no século XVIII que a lógica hedônica do consumo ganhou notoriedade, ou seja, consumir por prazer, não apenas pela funcionalidade (McCracken, 2003).

Pouco depois, no século XIX, a Revolução Industrial massificou o acesso aos bens de consumo, alcançando uma parcela ainda maior da população e ampliando a relação consumista que já estava em desenvolvimento. Ainda como resultado da Revolução Industrial, houve uma notável intensificação na migração de pessoas das zonas rurais para os grandes centros urbanos, o que, por si só, promoveu uma série de mudanças nas necessidades das famílias e na forma de supri-las.

É interessante notar que o desenvolvimento dessa sociedade de consumo está associado a um papel muito particular que o consumo começa a assumir: o de significado cultural. Embora os hábitos de consumo já fossem claramente associados ao *status* social, essa relação se intensifica a partir do século XVIII, dando origem ao termo *consumo conspícuo* (*Conspicuous consumption*), cunhado por Veblen em 1899 (Bagwell; Bernheim, 1996), que, em termos mais simples, podemos traduzir como *consumo de ostentação*.

Na época de sua criação, o conceito de *consumo conspícuo* foi usado por Veblen (1934) para explicar o comportamento das *classes ociosas*, conforme denominado por ele, mais especificamente a nobreza e o clero, entretanto, ainda hoje, sua teoria nos ajuda a entender por que muitas pessoas estão dispostas a pagar um preço mais alto por determinado produto mesmo que a qualidade dele não seja proporcionalmente superior (Bagwell; Bernheim, 1996).

No entanto, o estudo da psicologia do consumidor e seu reflexo no comportamento de consumo é muito mais recente do que o consumo em si. Basicamente, o interesse por esse estudo floresceu a partir da segunda metade do século XIX, quando o interesse em saber como a propaganda podia influenciar o comportamento dos consumidores cresceu (Schumann; Haugdvedt; Davidson, 2008).

Como você verá mais adiante neste livro, o propósito da propaganda é, basicamente, produzir uma resposta no consumidor – desde meramente informá-lo sobre o produto até convencê-lo de que é a melhor opção para atender à sua necessidade. Nesse caso, o estudo dos aspectos psicológicos no contexto de consumo está diretamente relacionado ao modo como recebemos, interpretamos e respondemos a esses estímulos.

Você saberia conceituar *comportamento de consumo*? Podemos defini-lo como todos os processos e atividades que as pessoas desenvolvem em torno da escolha, do uso e do descarte de produtos utilizados para satisfazer suas necessidades (Engel; Blackwell; Miniard, 2000). Nesse caso, é importante destacar que não devemos considerar como *produtos* somente objetos, mas também itens intangíveis, como serviços.

Consumo sob os olhares econômico e sociológico

As atividades de consumo estão profundamente ligadas à forma como satisfazemos nossas necessidades, que, por sua vez, influenciam a maneira como nos organizamos em sociedade, de modo que os arranjos econômicos e sociais são correlatos. Portanto, agora, vamos abordar com mais cuidado o que isso significa.

O que vem à sua mente quando falamos em economia? Talvez conceitos como *juros, inflação, PIB, crédito* e *investimento*, o que está correto, mas todos eles derivam de outro fundamental: a construção de um sistema social em que as pessoas possam satisfazer suas necessidades. Quando nos referimos ao **ambiente econômico**, estamos falando da forma como acontecem as trocas de recursos na sociedade, ou seja, das condições que levam pessoas e organizações a produzir e a trocar recursos para que suas necessidades sejam atendidas, e é em torno dessa premissa básica que surgem os mercados (Kotler; Keller, 2006).

Quando consideramos a **perspectiva sociológica**, entretanto, adotamos um ponto de vista mais abrangente, que considera o modo como a sociedade em geral se organiza, e, nesse contexto, o viés econômico é apenas um aspecto desse olhar. Por exemplo, no início da humanidade, éramos basicamente caçadores e coletores, portanto a satisfação das necessidades dos agrupamentos que se formaram consistia, principalmente, no uso de recursos disponibilizados pela natureza. Dessa forma, à medida que esses recursos ficavam menos disponíveis em uma região, o grupo era forçado a migrar para outra, com maior potencial de provê-los. Por isso, as sociedades eram compostas por grupos nômades, relativamente pequenos. Após o desenvolvimento da agricultura, esses agrupamentos passaram a se fixar em uma região e, como consequência, as relações econômicas e sociais sofreram mudanças, a começar pela capacidade de gerar recursos suficientes para manter grupos maiores. Você percebe como a estrutura econômica está profundamente ligada à maneira como a sociedade organiza-se?

Do ponto de vista da ciência econômica, o comportamento de consumo é interessante porque as decisões de consumo estão profundamente relacionadas aos cenários econômicos.

Mais adiante, trataremos detalhadamente da *pirâmide de Maslow*, mas, para entender a relação entre o consumo e os contextos social e econômico, é interessante compreender esse conceito, que vamos introduzir brevemente.

Basicamente, Maslow (1943) propôs que as necessidades humanas seguem uma **hierarquia**, isto é, as mais básicas precisam ser satisfeitas antes que a pessoa busque as secundárias. Segundo esse modelo, uma pessoa só buscaria satisfazer suas necessidades sociais se as fisiológicas e as de segurança já estivessem satisfeitas.

No entanto, outro estudo identificou que a ênfase dada a cada um dos níveis propostos por Maslow varia entre os países estudados. Em países em que há maior dificuldade para atender às necessidades básicas da população – mesmo para indivíduos que têm essas necessidades supridas –, a percepção geral sobre o nível de vida tende a ser menor do que nos países em que tais necessidades são amplamente atendidas (Tay; Diener, 2011). Assim, as características econômicas e sociais moldam a satisfação de vida das pessoas ao contexto.

Como comentamos no tópico anterior, o consumo está intimamente relacionado a conceitos da sociologia, como *classes sociais* e *status social*. O consumo conspícuo (ou de ostentação) é justamente uma forma de consumo que demonstra a condição e o prestígio social da pessoa que usa determinado produto. Além disso, como veremos na seção sobre grupos de referência, os subgrupos que se formam em uma cultura influenciam, consideravelmente, as preferências de consumo das pessoas desses grupos, outro aspecto muito observado pela sociologia. Por isso, de certa forma, o consumo é mais do que a troca de recursos para a satisfação das necessidades humanas.

Alguns pesquisadores defendem que, atualmente, vivemos na chamada *sociedade de consumo* (Ortigoza; Cortez, 2009).

Isso significa que o consumo assumiu papel fundamental na construção da identidade do indivíduo, bem como das relações sociais. Nesse sentido, podemos dizer que "os bens cumprem o papel de marcadores sociais. Têm o objetivo de estruturar os valores que constroem as identidades e permitem a regulação social" (Camargo, 2015, p. 184). Esse cenário, no entanto, é possível apenas diante da estrutura econômica que temos hoje, em que as organizações exercem o papel de produzir e distribuir produtos de maneira eficiente.

Outra forma interessante de observar como as relações econômicas e sociais se moldam mutuamente por meio do consumo é com base na relação entre classe social e acesso à educação. Segundo Bourdieu e Miceli (1974), o sistema educacional é fortemente direcionado pela estrutura de classes de uma sociedade, assim, grupos com maior concentração de renda tendem a consumir melhores serviços de educação, o que aumenta as chances de que seus herdeiros tenham acesso a um nível de renda maior, ao passo que famílias com mais dificuldades para financiar os estudos de seus filhos enfrentam uma grande barreira para ter uma perspectiva de ascensão social.

É verdade que muita coisa mudou, especialmente no Brasil, onde vivenciamos um grande crescimento do acesso ao ensino superior desde 2004, com o lançamento do Prouni, mas podemos dizer que essa relação ainda se mantém, principalmente na educação básica.

E o que isso tem a ver com consumo? Ora, a educação é, essencialmente, um consumo e, como você pode observar, a forma como é consumida é resultado da interação entre a estrutura econômica e a social.

Consumo sob o olhar mercadológico

Do ponto de vista da gestão mercadológica, o consumo é a força motriz de nosso sistema econômico atual, consequentemente, a finalidade essencial da atuação das organizações é a satisfação das necessidades de consumo da sociedade. Mesmo as organizações que atendem ao mercado organizacional (outras organizações) ou ao mercado governamental (organizações governamentais) somente o fazem porque essas outras organizações existem para atender aos consumidores finais.

Uma organização nasce justamente de uma demanda social não atendida. Ao perceber essa demanda, o empreendedor formula uma oferta de valor que possa atendê-la de maneira satisfatória. Portanto, no sentido mais amplo, o mercado é esse espaço de troca de valores em que a organização entrega ao consumidor o item que pode atender à sua necessidade, e o consumidor entrega à organização o equivalente a seu preço. Assim, para uma marca aumentar suas chances de sucesso, precisa executar, com desempenho melhor do que a concorrência, três processos:

1. escolha de uma oferta de valor;
2. desenvolvimento e disponibilização dessa oferta;
3. comunicação dessa oferta aos públicos a quem ela possa interessar (Kotler; Keller, 2006).

A compreensão de que o mercado é um ambiente composto de pessoas em busca de uma solução para determinada necessidade e para organizações – ou pessoas – que desenvolvem e ofertam alternativas para essa solução é uma visão essencial ao profissional de marketing. Afinal, com base nessa noção, é possível identificar segmentos de mercado a que a organização pode melhor atender e de maneira mais lucrativa.

Nesse ponto, é importante que você entenda com clareza o conceito-base de todo esse fenômeno: a *transação*, que pode ser entendida como a interação entre duas partes que têm algo de valor uma para a outra, sendo ambas livres para recusar a troca desse valor se assim desejarem (Kotler; Keller, 2006). O resultado disso é que o mercado é um sistema composto pelo fluxo de mercadorias e informações que transcorrem das organizações para o consumidor final e vice-versa. A esta altura, você deve estar perguntando: Se essa é uma abordagem gerencial, o que o comportamento do consumidor tem a ver com isso?

É justamente o conhecimento dos direcionadores do comportamento de consumo que nos permite entender os movimentos do mercado e, de certa forma, prever sua evolução. Afinal, esses movimentos são o resultado do comportamento individual de diferentes pessoas, influenciadas por inúmeros fatores.

Imagine, por exemplo, que uma fabricante de bebidas energéticas atinge, principalmente, um público de atletas. Eventualmente, é possível que se identifique que esse produto pode também apresentar grande valor para estudantes que desejam espantar o sono durante os estudos. Sem uma compreensão minuciosa da composição desses mercados, a empresa corre um sério risco de negligenciar um público importante e, possivelmente, muito lucrativo. Nesse caso, para atingir cada um desses públicos de forma eficaz, é necessário desenvolver ações completamente distintas, visto que as motivações deles são também completamente diferentes, ainda que a funcionalidade do produto seja a mesma. Em outras palavras, essa situação resume o propósito central do que é tratado nesta obra: a formação de um pensamento sistemático em torno da análise do comportamento dos consumidores para que possamos adotar medidas realmente eficazes e direcionar a tomada de decisão.

Da utilidade ao hedonismo

Pare por um momento e tente lembrar-se de todos os itens que comprou esta semana. Ao adquirir alguns desses itens, seu foco, provavelmente, estava na funcionalidade prática deles, ou seja, você estava procurando os atributos funcionais que eles lhe poderiam proporcionar. Nesse caso, estamos falando de uma perspectiva utilitarista do consumo. Em outros casos, você estava mais interessado na experiência de consumo que aquele item lhe poderia proporcionar. Nesse caso, estamos falando de um viés hedonista na relação com o consumo, em que há busca pelo prazer e pelas vivências que podem surgir dele.

Assim, entendemos que o **consumo utilitário** é aquele em que o consumidor procura os benefícios funcionais do produto, ou seja, o importante é que este seja útil para cumprir determinado objetivo, por isso o foco está nas consequências do consumo, entendidas pelo consumidor como associadas a necessidades básicas e, portanto, facilmente justificáveis (Strahilevitz; Myers, 1998). Apenas para exemplificar essa situação, imagine um estudante que compra, em uma papelaria, uma caneta esferográfica preta porque é o único tipo de caneta que ele poderá usar na prova do concurso público que fará no fim de semana. Para essa pessoa, o fato de a caneta permitir que as respostas da prova sejam assinaladas é o que realmente interessa

O **consumo hedônico**, por sua vez, tem foco na experiência de consumo. Nesse caso, estamos falando de experiências multissensoriais, de fantasia ou emocionais (Hirschman; Holbrook, 1982). Em outras palavras, esse tipo de consumo tem forte apelo aos sentidos (multissensorial), está associado a criações do imaginário do consumidor (fantasia) e produz claras respostas afetivas (emocional). Podemos dizer que o consumo hedônico é, normalmente, visto como frívolo.

Pontuamos essa distinção, no entanto, apenas por motivos didáticos, porque, na realidade, o conceito de consumo não é binário, isto é, um produto não é apenas utilitário ou apenas hedônico, mas sim entendido como um contínuo, que vai de extremamente utilitário a extremamente hedônico. Um televisor, por exemplo, pode servir tanto ao propósito utilitário de manter o consumidor atualizado em relação às últimas notícias quanto ao propósito hedônico de ele acompanhar uma partida de seu esporte favorito. Um computador pode servir tanto à necessidade utilitária de se comunicar com clientes importantes quanto à necessidade hedônica de participar de um torneio *on-line*.

Para não parecer que isso se aplica apenas a produtos com alta complexidade tecnológica, podemos usar o mesmo raciocínio no consumo de café, isso mesmo, um produto simples como o café. Uma pessoa pode recorrer a essa bebida tanto pelo benefício utilitário de se manter acordada quanto pelo benefício hedônico de apreciar uma bebida *gourmet*, produzida em uma região famosa pela qualidade do grão.

Historicamente, podemos dizer que, por um lado, quanto mais salientes estão as necessidades básicas, maior é a importância do consumo utilitário; por outro, à medida que essas necessidades são mais facilmente alcançadas, os consumidores passam a se permitir novas situações de consumo hedônico. De certa forma, as sociedades que se formaram no início da humanidade tiveram necessidades utilitárias mais salientes. Era evidente a urgência de instrumentos que ajudassem os agrupamentos a gerar os recursos básicos para a sobrevivência do grupo, entretanto, à medida que desenvolvemos tecnologias para facilitar o alcance das necessidades básicas, as hedônicas passaram a se destacar.

Esse conceito está, de certa forma, relacionado ao modelo da hierarquia das necessidades proposto por Maslow (1943), que discutimos há pouco, mas vale pontuar, aqui, que isso não significa que ambas as formas de consumo não possam estar presentes simultaneamente. Tay e Diener (2011) encontraram evidências de que, mesmo em sociedades em que o acesso a necessidades básicas é mais difícil, existe também uma preocupação em atender a demandas superiores, como as necessidades sociais e de autorrealização, por exemplo.

Dizemos isso para que você não ceda à tentação de acreditar que, antigamente, as sociedades eram essencialmente utilitárias e que hoje, por serem mais desenvolvidas tecnológica e industrialmente, são mais hedônicas. Na realidade, ambos os tipos de consumo existem nesses casos. A música, por exemplo, tem uma característica bastante hedônica e, mesmo nas sociedades primitivas, eram produzidos instrumentos, ainda que rudimentares, para satisfazer essa necessidade. Ao mesmo tempo, nas sociedades modernas, há inúmeros casos de produtos que são essencialmente utilitários, como os de limpeza.

Simbologia do consumo

Atualmente, as escolhas dos consumidores têm motivadores muito mais profundos do que os benefícios utilitários ou hedônicos que o produto possa ter. Com frequência, nossa escolha é direcionada, de maneira bastante incisiva, pelos símbolos construídos socialmente para as marcas (Solomon, 2008). Isso acontece porque aquilo que consumimos pode ser usado para representar parte daquilo que somos. Em outras palavras, a imagem ou até mesmo a personalidade que percebemos em uma marca pode nos ajudar a comunicar uma imagem que desejamos para nós mesmos. Por exemplo, se considerarmos um carro luxuoso e um esportivo, ambos podem ser associados a um *status* social elevado, no entanto, a percepção sobre o estilo de vida do consumidor pode ser bem diferente de acordo com a preferência por um deles; a escolha de determinada marca de carros pode denotar mais preocupação com segurança, ao passo que a escolha de outra pode passar a impressão de um espírito mais aventureiro.

De forma semelhante, ao escolher determinada marca de *smartphone*, uma pessoa pode ser fortemente influenciada por aquilo que a posse desse aparelho comunicará sobre ela. Uma marca pode estar associada à imagem de uma pessoa criativa e autêntica, e outra pode transmitir a impressão de uma pessoa conectada aos avanços digitais, com mais facilidade em se aprofundar neles.

Novamente, ressaltamos que essas particularidades não estão restritas aos produtos de maior complexidade tecnológica ou de maior envolvimento. A simples escolha de uma bebida energética pode carregar certa preocupação com o que essa escolha reflete sobre as características do indivíduo. Uma marca pode estar mais associada a um interesse por esportes radicais, e outra pode denotar um estilo de vida mais boêmio; uma simples camiseta pode ser usada para expressar profunda conexão com determinada banda ou identificação com uma série de televisão.

O setor de vestuário demonstra muito claramente o que queremos dizer. A moda incorpora símbolos culturais ao longo do tempo e, por essa característica, o uso da vestimenta como forma de autoexpressão é um fenômeno bastante observado em nossa sociedade. As escolhas referentes a como nos vestimos podem dizer muito sobre quem somos ou, pelo menos, sobre quem desejamos parecer ser, já que elas influenciam a maneira como somos vistos por nossos pares.

Por meio de alguns mecanismos, os significados criados no contexto cultural são transferidos aos produtos, ou seja, de certa forma, os produtos absorvem esses significados e, quando são percebidos pelos consumidores, o consumo passa a ser uma possibilidade para se apropriar do significado (McCracken, 1986). Em alguns casos, uma marca pode, até mesmo, funcionar como um ícone de uma cultura, o que podemos observar em marcas como Coca-Cola e Jack Daniel's, por exemplo (Holt, 2002; 2006).

Para exemplificar como nossa preferência de consumo pode ser influenciada pelo desejo de expressar determinada identidade, consideremos um estudo de Mead et al. (2010), que demonstrou que, ao serem submetidos a uma situação de exclusão social, consumidores passaram a manifestar mais interesse por produtos que aumentavam suas chances de aceitação pelo grupo que os excluiu. Mais especificamente, o estudo apresentou estudantes universitários a situações em que eram ignorados por outros estudantes. Nesses casos, os estudantes excluídos mostravam significativamente mais interesse por produtos que, notoriamente, estavam associados à identidade de estudantes da universidade.

Esses elementos simbólicos estão tão presentes no mundo do consumo que você os perceberá em vários outros pontos de nossa abordagem: na marca como expressão de autoconceito, na personalidade de marca e, até mesmo, na influência dos grupos sociais, por exemplo.

Síntese

Neste capítulo, destacamos que, atualmente, vivemos em uma sociedade de consumo, na qual o ato de consumir está profundamente interligado às relações sociais e à construção do senso de identidade dos indivíduos. A forma como a sociedade se organiza influencia o modo como as pessoas dessa sociedade consomem, e as inovações têm papel importante nessa relação, afinal, os arranjos produtivos são responsáveis por disponibilizar os produtos que serão consumidos.

Nesse cenário, a ciência econômica, normalmente, é vista como um campo que observa as relações de oferta e demanda e seus impactos para a sociedade. No entanto, essa área do conhecimento é muito mais complexa, pois observa o que é, na verdade, reflexo das decisões que os consumidores tomam em seu dia a dia. Além disso, as relações econômicas influenciam a forma como a sociedade se estrutura.

Considerando esses aspectos, entendemos que, atualmente, as necessidades dos consumidores são atendidas por meio de relações de mercado, ou seja, as empresas têm papel fundamental nessa estrutura. Em essência, podemos dizer que o propósito de uma empresa é justamente desenvolver e viabilizar uma oferta que tenha valor para determinado público. Falando assim, parece que estamos tratando de relações meramente funcionais, não?

Porém, compreendemos que o consumo não serve apenas para satisfazer demandas práticas, mas também necessidades hedônicas, ou seja, consumir pela experiência prazerosa que isso pode proporcionar. Assim, concluímos que essas duas categorias não são excludentes, pois um mesmo produto pode servir a mais de uma forma de consumo, dependendo da situação.

Por fim, entendemos como o consumo se mescla à construção de significados culturais de uma sociedade, absorvendo valores compartilhados e, de certa forma, traduzindo-os, à medida que eles aparece nos rituais diários de consumo.

Questões para revisão

1. O consumo é mais do que a simples busca utilitária de opções para satisfazer necessidades básicas. Considerando as diferentes funções do consumo, avalie as afirmativas a seguir e a relação entre elas.

I. No consumo utilitário, uma das principais preocupações do consumidor, durante a escolha, é o significado cultural que a marca carrega.

PORQUE

II. Os significados culturais são absorvidos por algumas formas de consumo, de modo que passam a ser uma maneira de o consumidor apropriar-se desses significados.

Agora, assinale a alternativa correta:

a. As afirmativas I e II são verdadeiras, e a II é uma justificativa correta da I.
b. As afirmativas I e II são verdadeiras, mas a II não é uma justificativa correta da I.
c. A afirmativa I é uma proposição verdadeira, e a II é uma proposição falsa.
d. A afirmativa I é uma proposição falsa, e a II é uma proposição verdadeira.
e. Nenhuma das afirmativas é verdadeira.

2. Atualmente, vivemos na chamada *sociedade de consumo*. Sobre esse conceito, analise as afirmações a seguir.

I. Nesse tipo de sociedade, o consumo é puramente utilitário.
II. A sociedade de consumo é viabilizada pela estrutura econômica dos países mais desenvolvidos economicamente.
III. De acordo com esse conceito, o consumo é uma parte central da construção do indivíduo e das relações sociais.
IV. A sociedade de consumo tende a ignorar os significados culturais associados ao consumo, de modo que o foco deste está em satisfazer necessidades básicas.

Agora, assinale a alternativa que apresenta somente os itens corretos:

a. II.
b. III.
c. II e III.
d. I e IV.
e. I, III e IV.

3. O termo *consumo conspícuo*, ou consumo de ostentação, foi cunhado no século XIX para se referir a um tipo de consumo com características específicas bastante presentes nas chamadas *classes ociosas*. Sobre esse conceito, avalie as informações a seguir e a relação entre elas.

I. O consumo conspícuo serve a um propósito de gerenciamento da imagem perante a sociedade, comunicando a condição social do consumidor.

PORQUE

II. O consumo conspícuo denota uma grande preocupação com a racionalidade nos gastos, indicando prudência por parte do consumidor.

Agora, assinale a alternativa correta:

a. As afirmativas I e II são verdadeiras, e a II é uma justificativa correta da I.
b. As afirmativas I e II são verdadeiras, mas a II não é uma justificativa correta da I.
c. A afirmativa I é uma proposição verdadeira, e a II é uma proposição falsa.

d. A afirmativa I é uma proposição falsa, e a II é uma proposição verdadeira.

e. Nenhuma das afirmativas é verdadeira.

4. As transformações nas estruturas sociais e econômicas estão profundamente interligadas, de modo que os arranjos sociais influenciam os econômicos e vice-versa. Quais foram as implicações econômicas e sociais da Primeira Revolução Industrial para a organização da sociedade à época?

5. O consumo pode ser utilitário ou hedônico, dependendo do tipo de motivação que conduz o consumidor a buscá-lo. Explique as características desses dois tipos de consumo.

Questão para reflexão

1. As transformações políticas, culturais e sociais pelas quais a humanidade passou ao longo da história não são controladas pelas empresas. Nesse caso, qual seria, para o profissional de marketing, a relevância de observar essas transformações?

capítulo 2
fatores de decisão

Conteúdos do capítulo:

- Influências da cultura e da sociedade no consumo.
- Importância do contexto de compra para o processo de escolha.
- Grupos de referência.
- Influência da família na decisão de compra.
- Estruturas familiares contemporâneas.

Após o estudo deste capítulo, você será capaz de:

1. compreender como o contexto influencia a decisão de compra;
2. reconhecer o papel dos grupos de referência na construção das preferências de consumo;
3. analisar as relações familiares e a influência dessas características sobre o comportamento de consumo das famílias e dos indivíduos.

Imagine-se em férias na praia mais perto de sua residência – pode ser a 50 ou a 500 km de distância –, considere que, neste momento, você está em uma rua de comércio dessa região litorânea, onde há grande movimentação de pessoas e alta variedade de lojas de varejo, mas seu objetivo principal é descansar com sua família e/ou amigos. Agora, imagine outra situação: você está em sua cidade e tem uma festa de aniversário para ir. Faltam apenas duas horas para o início da festa, mas, por descuido ou falta de tempo, você ainda não comprou o presente do aniversariante e, por isso, você caminha em frente a vitrines, procurando algo interessante. Seu comportamento de consumo será o mesmo nas duas situações? Você comprará mais na primeira ou na segunda situação? Escolherá mais itens em qual dos cenários? As respostas a essas perguntas nos levam a entender o contexto de consumo, ou seja, dependendo da situação, do local, do tempo disponível, de seu estado de ânimo, da companhia no momento etc. você pode consumir mais ou menos.

O que queremos que você perceba com essa reflexão é que a decisão de compra não é um processo preciso e uniforme, pois não depende apenas de um cálculo que considere utilitário de custo *versus* benefício para escolher a opção mais adequada, uma vez que algumas particularidades do contexto em que essa decisão é tomada podem ter grande influência no resultado final da escolha.

Segundo Samara e Morsch (2005, p. 154, 164):

> *Em palavras simples, conforme muda a situação de compra e uso, o comportamento do indivíduo também pode modificar. [...] A variável situacional pode influenciar a capacidade e o desejo do consumidor em qualquer etapa de seu processo de decisão de compra, desde a busca de informação até a avaliação pós-compra. Tanto quanto as variáveis socioculturais e psicológicas, as influências situacionais serão importantes determinantes para orientar o consumidor na busca de sua satisfação.*

Note que podemos, então, observar duas perspectivas para entender o comportamento de consumo: uma, é que ele, provavelmente, será influenciado pelas **características pessoais** do consumidor, outra é a influência do **contexto da compra**.

Uma pesquisa feita por Ferreira et al. (2015) mostrou evidências de que a percepção do consumidor sobre o ambiente no momento da compra está diretamente relacionada à probabilidade de esse consumidor realizar uma compra que não havia planejado.

Os pesquisadores avaliaram essa relação no contexto de compra de um ambiente de varejo dentro de um aeroporto e verificaram que alguns aspectos da loja, como iluminação, leiaute e atendimento, ajudam a formar a impressão do consumidor sobre o ambiente. Segundo o estudo, quanto mais positiva essa percepção, maior a probabilidade de o consumidor fazer uma compra por impulso. Por outro lado, quanto mais negativa essa percepção, menor o desejo do consumidor de fazer uma compra por impulso. Apesar de algumas limitações metodológicas apresentadas nesse estudo, percebemos que a predisposição a esse comportamento de compra depende, em parte, do ambiente que cerca o consumidor.

Fatores sociais e culturais

A necessidade de pertencer a um agrupamento é uma das características mais básicas e remotas do ser humano. Somos animais sem garras, sem presas afiadas, sem pelagem suficiente para nos manter aquecidos, não temos facilidade para subir em árvores, nem mesmo corremos muito rápido, e exatamente por isso o convívio social é, na verdade, uma condição de sobrevivência para nós, juntamente, é claro, à destreza manual permitida pelo polegar opositor e pela capacidade de raciocínio desenvolvida.

Portanto, entre os mecanismos que guiam nossos comportamentos de consumo, as motivações sociais são uma das mais profundas e primitivas direcionadoras de nossas escolhas e preferências. Por essas motivações serem tão fundamentais, são um tema recorrente neste livro, não de modo repetitivo, mas porque as relações sociais estão ligadas, de maneira muito particular e profunda, à forma como consumimos.

Para ilustrar, vamos pensar em um exemplo bastante presente em seu cotidiano: Como você escolhe o que vai vestir todos os dias? Pare por um momento e reflita sobre o quanto as suas relações sociais estão presentes nessa escolha.

É possível que você tenha pensado: "Eu simplesmente vejo a previsão do tempo e escolho um traje mais confortável para passar o dia, não considero minhas relações sociais, apenas aspectos funcionais". No entanto, note que a reflexão não era sobre quanto você pensa nas relações sociais ao escolher sua vestimenta, mas sobre quanto elas estão presentes nessa escolha.

O que queremos dizer é que a influência das relações sociais em nossas preferências, normalmente, não é tão consciente, afinal, não deliberamos sobre elas a cada decisão. Elas funcionam mais como uma configuração que direciona nossas preferências, de modo que a percepção sobre as implicações sociais de nossas opções de consumo acontece de forma **automática**, sem muito esforço cognitivo.

Para entender o que isso quer dizer, vamos retomar o exemplo da escolha da vestimenta. Ainda que alguém creia que escolhe apenas com base em critérios funcionais, vamos voltar um pouco e observar as opções que essa pessoa tem em seu guarda-roupa.

Certamente, aquilo que, em algum momento, ela escolheu comprar tem relação com o que é mais bem visto em seus grupos sociais. Ao escolher uma peça que pareça meramente funcional, automaticamente, você está escolhendo uma função, que, na verdade, será desempenhada em um meio social. Em outras palavras, em um dia quente, você pode direcionar sua escolha pensando apenas se aquela peça é útil para que você não passe muito calor, mas, indiretamente, a escolha entre uma camiseta regata ou uma camisa de algodão depende do contexto social em que você vai usar essas roupas.

Fatores pessoais e situacionais

Antes de discutirmos os *fatores pessoais* e *situacionais* que influenciam a decisão de compra, vamos pensar um pouco sobre a diferença entre esses dois termos. Quando aludimos a *fatores pessoais*, estamos falando das características do indivíduo que toma a decisão, ou seja, buscamos os traços mais estáveis que influenciam, de modo geral, a maneira como ele toma suas decisões, os aspectos particulares a ele. Os *fatores situacionais*, entretanto, vão além dessas características pessoais e refletem condições do contexto em que a decisão é tomada, ou seja, além das predisposições de uma pessoa, precisamos considerar a influência do que a cerca no momento da decisão, e esses aspectos, por serem situacionais, não são estáveis. Com isso esclarecido, vamos, agora, abordar essas duas perspectivas.

Fatores pessoais

Você possivelmente já ouviu a seguinte comparação: "Se não temos dois dedos iguais nas mãos, imagina duas pessoas idênticas". Ela nos remete à questão da singularidade de cada pessoa, oriunda de diversas razões: personalidade, educação formal e informal, renda, gostos, comportamentos de compra, entre tantas outras. Portanto, quando analisamos o comportamento do consumidor, não podemos esquecer de considerar o indivíduo e suas especificidades e, olhando para esse microcosmos, podemos ampliar nossa visão sobre o comportamento do consumidor.

O princípio por trás dessa perspectiva é de que o modo como percebemos o mundo depende das experiências pelas quais passamos, ou seja, o que vivemos ao longo do tempo ajuda a construir uma forma muito particular de interpretar os estímulos a que somos expostos. Considerando que cada pessoa vive um conjunto único de experiências, a forma de perceber e reagir a um mesmo estímulo também será bastante particular (Solomon, 2008). Podemos dizer, então, que a interpretação de um estímulo passa pelo viés do indivíduo receptor. Por exemplo, uma pessoa mais politicamente engajada provavelmente será mais propensa a prestar atenção em comentários sobre política enquanto navega nas redes sociais. Além disso, poderíamos até prever que essa pessoa prestará mais atenção às postagens envolvendo políticos que conhece mais a fundo.

Mas, se cada pessoa vive um conjunto único de experiências, a princípio, teria um filtro perceptivo único também, certo? Então, qual a relevância desse conhecimento para a prática do gestor de marketing? Isso significa que a elaboração de uma estratégia de marketing é irrelevante, já que cada pessoa reagirá de uma forma particular aos estímulos que elaboramos?

A questão é que, mesmo com essas diferenças, podemos encontrar **padrões** e, identificando-os e aos grupos de pessoas com disposições semelhantes, podemos construir uma segmentação mais eficaz dos clientes. O mapeamento tanto dos fatores pessoais quanto dos situacionais serve de base para essa segmentação.

Vamos tratar de alguns dos principais fatores usados por profissionais de marketing para classificar seu público-alvo: idade, gênero, estrutura familiar, classe social e renda, raça e etnicidade, geografia e estilo de vida.

Idade

Dependendo do estágio do ciclo de vida em que o comprador está, ele terá comportamentos específicos, por necessidades características, por renda, pela imagem que quer representar na sociedade etc. Não é propósito deste livro analisar com profundidade as características particulares de cada uma dessas fases, por isso apresentamos apenas algumas características gerais.

Por exemplo, o comportamento de um consumidor infantil deverá ser bastante diferente do de um consumidor adulto. Uma das diferenças que podemos observar é que a criança, provavelmente, terá de influenciar quem decide e efetua a compra, ao passo que o adulto, seguramente, tomará as próprias decisões. Hoje, as crianças são expostas, via televisão, redes sociais, programas infantis e mesmo na convivência com seus pares, a estímulos que as levam a interagir com o mercado produtor de bens e serviços;

as propagandas, explícitas ou implícitas, acabam influenciando esses pequenos consumidores.

Em um estudo realizado com famílias residentes em Belo Horizonte (MG) e região metropolitana, quase 63% dos respondentes afirmaram que seus filhos opinavam sobre as compras de produtos para a família sempre ou frequentemente (Sá et al., 2013). Claro que o fato de os pais ouvirem a opinião dos filhos nem sempre significa que essa opinião será acatada, mas, nesse caso, mais de 57% dos pais afirmaram que, de fato, seguem a opinião dos filhos sempre ou frequentemente.

Obviamente, alguém que queira desenvolver uma estratégia de marketing direcionada ao público infantil deverá pesquisar as particularidades de seu próprio público-alvo, pois os dados apontados por esse estudo podem ter limitações em razão de diferenças culturais, nível educacional ou de renda, entre outros fatores. Mesmo assim, tal estudo fornece uma boa ideia da participação das crianças na decisão de compra da família.

Sexo e gênero

Antes de discutirmos esse aspecto, é importante tecer uma breve diferenciação dos conceitos *sexo* e *gênero*, que, embora sejam comumente vistos como sinônimos, na verdade, referem-se a características diferentes, conforme informa a literatura sobre o assunto.

Normalmente, usamos o termo *sexo* para designar o sexo biológico de um indivíduo, que pode ser masculino ou feminino. Já o termo *gênero* trata-se de uma construção social e cultural acerca do papel atribuído a um indivíduo pela sociedade, de acordo com seu sexo. Essas duas concepções podem ser determinantes na forma como as pessoas fazem suas escolhas e, também, como interagem com o mundo à sua volta, portanto, merecem atenção especial. A noção de gênero é, de certa forma, uma perspectiva normativa, já que está associada às normas sociais de cada categoria de sexo (West; Zimmerman, 1987). Nesse ponto, vale ainda outro esclarecimento para evitar má interpretação da noção de *normas sociais*. Uma norma social não é uma regra, mas sim uma ideia de padrão de atuação social de determinado estereótipo, ou seja, imaginamos que exista uma normalização para a forma de agir de dado papel social (Butler, 2004).

Mas por que é importante discutir essa distinção antes de nos aprofundarmos nesse tema? Não seriam os dois conceitos faces da mesma moeda? Na verdade, os estudos da sociologia e da psicologia mostram que essa relação não é tão simples quanto parece. Embora exista certa associação entre o sexo e o gênero de um indivíduo, este segundo é muito mais complexo e não depende apenas do sexo biológico, mas de uma interação entre o sexo e o contexto sócio-histórico de desenvolvimento do indivíduo.

Assim, o sexo está relacionado ao que a pessoa "tem", e o gênero é um resultado da construção sobre o que ela "é" (Butler, 2002). Essa distinção é importante para que você entenda que, quando usamos o termo *sexo*, estamos aludindo à determinação biológica e, quando empregamos o termo *gênero*, à construção social.

É essencial que o profissional de marketing entenda que a influência do sexo do consumidor sobre seu comportamento de consumo não é uma mera relação fisiológica, mas resultado também dos estereótipos formados pela sociedade sobre o que seria o comportamento esperado de uma pessoa do gênero feminino e de uma do gênero masculino. E, para entender o papel que o gênero desempenha nas preferências do consumidor, é preciso antes entender como os papéis atribuídos a cada gênero são construídos na sociedade.

Mesmo antes de uma criança nascer, a sociedade à sua volta cria expectativas sobre ela apenas com base no sexo. Para que isso fique mais claro, pense em pais que estão esperando um bebê, normalmente, eles vão querer saber qual o sexo da criança para preparar todo o enxoval buscando produtos "de menina" ou "de menino", certo? Obviamente, existem exceções – como pessoas que optam por não saber previamente o sexo da criança –, mas, em geral, é assim que o mercado se comporta.

Conforme a criança cresce, recebe vários sinais do ambiente sobre o que seriam comportamentos, preferências, brincadeiras "de menino" e "de menina". Esses sinais são emitidos também nas propagandas e na construção das personagens em filmes e desenhos, participando produção desses estereótipos femininos e masculinos, como as cores com as quais as crianças são vestidas – rosa para a menina, azul para o menino, por exemplo – e brinquedos que representam certos papéis sociais – como o papel de mãe, simulado ao brincar com uma boneca, ou o garoto que brinca com bonecos de heróis, expressando certa agressividade.

Um experimento feito pela emissora britânica BBC demonstrou que a forma como as pessoas brincam com as crianças e como escolhem brinquedos para elas depende do sexo que a pessoa percebe. Nesse caso, a equipe vestiu dois bebês como se fossem do sexo oposto ao seu biológico, levando os participantes a pensar que estavam interagindo com uma menina quando, na verdade, estavam com um menino, e vice-versa. Os participantes entravam em uma sala com brinquedos e brincavam com as crianças de maneira livre. Nesse contexto, observou-se que, quando acreditavam estar brincando com uma menina, as pessoas normalmente usavam brinquedos mais relacionados a afeto, inteligência emocional e cuidado; quando acreditavam estar brincando com um menino, as brincadeiras assumiam outro tom, as escolhas valorizavam muito mais o desenvolvimento físico, como coordenação e inteligência espacial (Girls..., 2017).

Por outro lado, uma pesquisadora observou crianças pequenas, de até 6 anos, brincando no contexto escolar. Na instituição em questão, as crianças eram deixadas para brincar livremente, sem restrição de brinquedos ou de papéis. A pesquisadora percebeu que essas crianças não se limitavam àqueles papéis que, tipicamente, seriam considerados masculinos ou femininos, mas exploravam vários deles em suas brincadeiras (Finco, 2003).

Considerando que nosso desenvolvimento na infância é essencial na composição de quem somos, percebemos que muito disso é definido pelos papéis que a sociedade nos impõe. Você, provavelmente, deve estar pensando que essa é uma questão a ser debatida muito mais pela sociologia e pela antropologia do que por profissionais de marketing, entretanto, atualmente, o marketing está profundamente ligado à construção dos estereótipos de gênero, por isso vamos discutir algumas evidências dessa relação.

Primeiramente, é importante você compreender que não se trata apenas da influência das ações de marketing sobre os papéis de gênero, pois essa influência é uma via de mão dupla, uma vez que as ações das empresas influenciam as crenças da população, assim como os papéis de gênero, mas essas ações também são criadas com base em estereótipos já formados pela população, estereótipos estes que são percebidos e tomados emprestados pelos profissionais para construir suas criações. Portanto, estamos falando de um ciclo em que o marketing influencia a percepção da população, mas também é influenciado por essa mesma percepção. Um profissional de marketing habilidoso deve compreender essa relação e usá-la de maneira responsável.

Exemplo dessa situação foi constatado em uma pesquisa que analisou o discurso contido nas ações de divulgação de uma famosa marca de roupas infantis voltada para o público feminino. O estudo demonstrou que a linguagem e as imagens transmitidas trabalham uma profunda "adultização" da criança, ou seja, na pesquisa, percebeu-se que a marca colocava as meninas em comportamentos e contextos que, normalmente, seriam associados a mulheres adultas. Dessa forma, as meninas absorvem e associam aquilo que seria esperado de uma mulher. Especificamente nesse caso, ficaram evidentes traços de que a mulher "deveria" preocupar-se com a beleza e estar sempre atualizada em relação às tendências da moda (Silveira Netto; Brei; Flores-Pereira, 2010).

Às vezes, a relação do marketing com as preferências dos diferentes gêneros pode gerar resultados controversos. Você já ouviu falar no *pink tax* – algo como *taxa rosa*, em tradução livre? Um estudo publicado em 2015 pelo Departamento de Assuntos do Consumidor (DCA, na sigla em inglês) do Estado de Nova York, nos Estados Unidos, demonstrou que, nessa cidade, o preço de produtos voltados para o público feminino era, em média, 7% mais alto do que o de produtos similares voltados ao público masculino (DCA, 2015). Nesse caso, a diferença nos produtos analisados não era justificada por qualquer diferença biológica natural a esses sexos, mas pelo posicionamento do produto quanto ao público que pretende alcançar.

Foram considerados, nesse estudo, aproximadamente 800 produtos de 90 marcas, com uma clara diferença de posicionamento. Em geral, em 42% dos casos, os produtos voltados ao público feminino eram mais caros do que o equivalente para homens e, em apenas 18% dos casos analisados, os produtos para homens eram mais caros do que os para mulheres. Em 40% dos casos, os preços eram iguais (DCA, 2015).

Esse foi o primeiro estudo do gênero desenvolvido formalmente, embora já houvesse relatos dessa prática anteriormente. A publicidade dessa situação gerou certa revolta entre as consumidoras nas redes sociais, que adotaram a *hashtag #pinktax* para denunciar e criticar essa ação, considerada por elas uma prática sexista de precificação. Infelizmente, no Brasil, carecemos de estudos científicos sobre esse assunto, mas também existem evidências de tal atividade (Cunha, 2015).

Em seu programa, a apresentadora estadunidense Ellen DeGeneres satirizou um produto lançado pela marca de canetas Bic, chamado *Bic for her* (Bic para ela), que, a princípio, tinha sido "desenhada especialmente para a mão feminina", vinha em "cores femininas", como rosa e lilás, e custava mais caro, claro. O produto recebeu uma série de avaliações sarcásticas e negativas na gigante Amazon e, hoje, é visto como uma decisão de marketing desastrosa.

Você percebeu como as propagandas de cerveja mudaram drasticamente nos últimos anos? Até pouco tempo atrás, elas seguiam um protocolo básico: mulheres jovens e bonitas servindo cerveja ou sendo seduzidas por homens que tomavam cerveja. Nos bares, era comum ver pôsteres com essas modelos segurando copos e garrafas, usando a sexualidade para convencer o consumidor de que aquela marca era uma boa opção.

Atualmente, parece que as marcas de cerveja perceberam que esse discurso estava ultrapassado e não apenas deixava de lado, mas também, de certa forma, ofendia um importante público: as próprias mulheres. A marca Skol chegou a lançar uma campanha se desculpando por tantos anos insistindo nesse modelo. Além de se desculpar, a empresa contratou algumas profissionais para criar produções que representassem uma nova postura da marca relativamente às mulheres[1].

A noção de masculinidade também tem uma relação bastante particular com os comportamentos de consumo. Alguns estudos demonstram que homens são particularmente sensíveis a produtos que possam "ameaçar" sua masculinidade. Por exemplo, um estudo demonstrou esse efeito na queda da probabilidade de os homens escolherem uma opção em um cardápio se essa opção for associada a uma identidade feminina. Os pesquisadores

---

1   Você pode assistir ao vídeo dessa campanha no *link*: <https://youtube/g_8fnMtbdso>. Acesso em: 19 ago. 2019.

separaram pessoas em dois grupos, apresentaram um cardápio com duas opções de carne – uma com tamanho menor e outra com tamanho maior. Para um dos grupos, a opção com menor porção era chamada *corte do chef*, para o outro grupo, a mesma opção era apresentada como *corte das damas*. Confirmando a hipótese dos pesquisadores, entre os consumidores que receberam a opção com o nome *corte das damas*, a escolha por esse corte foi significativamente menor entre os homens, mesmo quando eles declararam que não estavam com muita fome e, portanto, prefeririam uma quantidade menor. No entanto, entre as mulheres não houve diferença, isto é, uma vez que o nome daquela opção estava associado a uma identidade feminina ela foi muito mais rejeitada pelos homens (White; Dahl, 2006).

Outro estudo concluiu que homens tendem a ser mais resistentes a adotar comportamentos e marcas "verdes", ou seja, mais ambientalmente amigáveis, pois a preocupação com o meio ambiente seria um comportamento associado ao estereótipo feminino (Brough et al., 2016).

Isso acontece porque o gênero é uma das diversas identidades sociais que assumimos em nossas interações e, em geral, temos uma tendência a associar nossas preferências de consumo a essas identidades.

Essas diferenças podem ser observadas não apenas nas situações de consumo, mas também na reação das pessoas após o consumo. Aparentemente, o engajamento em marketing boca a boca é diferente entre homens e mulheres, já que os homens parecem ser menos criteriosos do que as mulheres ao escolher para quem irão contar uma experiência de consumo negativa (Zhang; Feick; Mittal, 2013). As mulheres inclinam-se a contar essas experiências apenas para pessoas com quem têm laços mais estreitos, já para os homens, a proximidade social parece não ser um fator tão crítico. Obviamente, estamos aqui adotando uma perspectiva generalista, que demonstra uma propensão da população em geral, portanto não precisa desconfiar caso seu comportamento fuja a esse padrão.

Como você deve ter percebido, neste tópico, demos muito mais atenção à influência do gênero sobre o consumo, e o sexo ficou, de certa forma, apenas como um pano de fundo. Isso acontece porque, de fato, a influência do sexo sobre essas preferências é um tanto limitada, pois boa parte das diferenças de preferências é resultado da construção social em torno dos papéis de gênero, mas, em alguns casos, as implicações da diferença de sexo são óbvias, afinal, alguns produtos são procurados apenas por necessidades específicas que essas diferenças biológicas impõem, como as diferentes especialidades médicas que surgem para tratar de questões particulares de homens ou de mulheres.

Para saber mais

Achou o tema interessante? Assista ao vídeo sobre a pesquisa da BBC, *Girl toys vs boy toys: the experiment*, na íntegra.

GIRL Toys vs Boy Toys: the Experiment. **BBC Stories**, 16 ago. 2017. Disponível em: <https://www.youtube.com/watch?v=nWu44AqF0il&feature=youtu.be>. Acesso em: 10 set. 2019.

Estrutura familiar

A composição de um carrinho de compras em um supermercado pode dizer muito sobre a estrutura familiar do consumidor. Algumas diferenças são óbvias, como a presença de fraldas descartáveis, por exemplo, que estarão, provavelmente, no carrinho de uma pessoa que tenha um bebê, mas não no de uma pessoa sem filhos.

Outras diferenças não são tão óbvias e precisam ser estudadas por meio da análise dos dados que a empresa consegue juntar sobre os padrões de compra de seus clientes. Atualmente, grandes redes de varejo costumam incentivar seus clientes a fornecer informações mais pessoais para tentar encontrar associações entre essas características e o comportamento de compra deles; são os denominados *clubes de fidelidade*.

O uso desse tipo de análise pode ser tão bem desenvolvido que existe um caso clássico em que uma rede de supermercados conseguiu descobrir que uma garota estava grávida antes mesmo que seus pais soubessem. A varejista norte-americana Target descobriu certo padrão de compras entre mulheres grávidas e usava essa informação para enviar à casa das clientes que apresentavam esse padrão ofertas direcionadas que poderiam ser interessantes a elas nessa nova fase da vida. Os profissionais de marketing da organização haviam percebido que o nascimento de uma criança é um momento crítico para o desenvolvimento de lealdade às marcas em alguns setores, ou seja, uma cliente conquistada nessa fase, provavelmente, continuará comprando no supermercado por muitos anos, por isso seria tão importante apresentar ofertas específicas a esse público. Entretanto, uma dessas clientes que vinha recebendo ofertas era uma adolescente que não havia contado a seus pais sobre a gravidez. Ao perceber que sua filha estava recebendo ofertas que considerava inapropriadas, o pai da garota foi à loja reclamar. O gerente que o recebeu pediu desculpas e assegurou que a filha não receberia mais essas propagandas. Alguns dias depois, o gerente telefonou para reforçar o pedido de desculpas, mas foi surpreendido ao ouvir o homem dizer que ele é que lhe devia um pedido de desculpas, já que, ao apresentar o assunto à filha, descobriu que ela realmente estava esperando um bebê (Hill, 2012).

A estrutura familiar tem também um cruzamento interessante com o fator gênero. A maior inserção da mulher no mercado de trabalho e o crescimento de novos arranjos familiares, raros no passado, modificaram completamente essa estrutura. Hoje, é muito comum vermos famílias constituídas por pessoas do mesmo gênero, famílias criadas por apenas um dos pais e famílias em que a principal pessoa responsável pelas despesas é a mulher, e não o homem.

Independentemente da postura ideológica do profissional de marketing, é necessário que ele entenda a existência desses arranjos e seus impactos nas preferências de consumo. Carvalho e Alves (2010) identificaram que, entre as famílias brasileiras chefiadas por homens, os gastos de alimentação e transporte são os mais significativos no orçamento, ao passo que as chefiadas por mulheres têm a habitação como principal gasto.

Classe social e renda

A classe social e o nível de renda de um consumidor têm uma implicação óbvia em seu comportamento de consumo: o poder aquisitivo. Pessoas com um nível de renda similar procuram formar grupos com interesses e valores em comum. Compreender a formação desses grupos pode ser essencial para a estratégia de marketing, já que esta é crítica para a definição do público-alvo.

Obviamente, é preciso cruzar esse fator com os demais para identificar públicos mais específicos. Por exemplo, duas pessoas que tenham um mesmo nível de renda podem ter diferenças significativas em sua composição de gastos por terem estilos de vida completamente diferentes.

Raça e etnicidade

O impacto da etnia no comportamento de consumo é mais facilmente observável quando avaliamos culturas diferentes. Empresas que atuam em vários países precisam considerar esses fatores para adequar sua oferta aos gostos e às preferências prevalecentes em cada cultura.

Mas, nos grandes centros urbanos, com significativa diversidade cultural, também é possível ver essas diferenças, logo, cabe ao profissional de marketing identificá-las e adaptar a apresentação de suas ofertas. Por exemplo, eventualmente, pessoas de determinada etnia podem ter como referência artistas específicos.

Contudo é preciso ter muito cuidado para não cair em armadilhas de estereótipos. Quando identificamos um traço comum a dado grupo étnico, precisamos considerar que isso não necessariamente determina a preferência de todas as pessoas desse grupo. Devemos ponderar que muitas pessoas podem sair desse padrão, pois passaram por experiências específicas ou, até mesmo, pela interação com outras culturas.

Estilo de vida

Um executivo de uma grande empresa pode ter uma renda parecida com a de um juiz federal, mas o padrão de consumo de ambos será parecido? E se considerarmos duas executivas de uma mesma área de atuação, as preferências de consumo serão iguais?

Essas diferenças que fogem à compreensão podem ser explicadas pelas escolhas de cada indivíduo sobre o que fazer com seu tempo, ou seja, seu estilo de vida. Esse conceito pode ser definido como "um padrão de consumo que reflete as escolhas da pessoa quanto à forma de gastar seu tempo e seu dinheiro" (Solomon, 2008, p. 229). Um consumidor pode preferir gastar vastas quantias com jogos eletrônicos, vivenciando virtualmente aventuras em seu tempo livre, e o colega que compartilha sua mesa de trabalho pode preferir guardar seu dinheiro para fazer uma viagem internacional durante as férias.

E o que isso significa para o profissional de marketing? Para muitos setores, definir a estratégia de marketing com base apenas em critérios demográficos pode ser extremamente raso. No Brasil, a prática de esquiar na neve pode ser uma atividade restrita a poucas classes sociais e, mesmo nas classes com esse poder aquisitivo, o público pode ser bastante restrito. As empresas que oferecem esse tipo de experiência precisam mapear como acontece a relação dessas pessoas com o consumo de tais experiências para, assim, definir como abordá-las e conquistá-las.

Já o gosto por jogos eletrônicos pode ser compartilhado por um público maior – denominado *gamers* –, de várias faixas etárias, embora seja mais comum entre pessoas mais jovens. Nesse cenário, é preciso identificar grupos de pessoas com interesses comuns para mapear como a empresa pode atraí-los com ofertas mais coerentes com suas preferências.

Mesmo entre os *gamers*, é possível identificarmos pessoas com estilos de vida diferentes. Por exemplo, uma parte do público é composta por adolescentes com tempo livre suficiente, porém pode existir uma parcela do público que precisa dividir seu tempo livre entre trabalho e família, com menos disponibilidade para os jogos. Daí a importância de mapear os diversos estilos de vida que podem ser atraídos pela empresa, pois, se for desenvolvido um jogo que demanda alto grau de imersão, é provável que a empresa perca os potenciais consumidores com pouco tempo para se dedicar a essa atividade.

Fatores situacionais

Você se lembra do exemplo que trouxemos no início do capítulo? Se não, sugerimos que o retome. Para refrescar sua memória, tratávamos de cenários em que uma mesma decisão de compra poderia ser encarada de maneira diferente pela mesma pessoa em razão de contextos distintos.

Quando discutimos os fatores pessoais que afetam o comportamento de consumo, falamos de traços mais estáveis, ou seja, nossa perspectiva focava a compreensão de como um traço pessoal pode influenciar várias decisões de compra e, de forma mais ou menos parecida, mesmo entre várias transações – por exemplo, um homem que faz questão de comprar um xampu específico para homens para reforçar sua identidade de gênero.

Contudo, a decisão de compra pode ser também influenciada por fatores presentes na transação em questão e por aspectos mais específicos daquela ocasião, ou seja, situacionais. Um passeio em um *shopping* pode ser uma experiência agradável ou estressante, dependendo do seu humor, da sua sensação de pressão, do tempo ou mesmo de características momentâneas do próprio *shopping*, como a execução de uma reforma, o que pode dificultar sua locomoção pelo ambiente.

Como no exemplo do início deste capítulo, podemos elencar os aspectos intrínsecos ao fator situacional e que influenciam a decisão e o comportamento de compra. De acordo com Samara e Morsch (2005), são eles:

» **Ambiente físico** – uma rua movimentada com várias lojas ou o interior de um *shopping*, por exemplo. Esse fator considera o ambiente em si, seu *design*, a disposição dos produtos e o atendimento.

» **Ambiente social** – descansando com amigos e familiares ou em um lugar cheio de gente por todos os lados.

» **Tempo** – em férias, com tempo livre para escolher e de cabeça vazia em relação a preocupações, ou correndo no *shopping* para comprar o presente e ir para o aniversário.

» **Razão da compra** – para passar o tempo, apenas como forma de lazer e prazer, ou quase por obrigação para presentear alguém que está dando uma festa para comemorar seu aniversário.

» Estado de espírito e predisposição – em férias, despreocupado, ou correndo contra o tempo em um *shopping*.

> **Importante!**
>
> A pesquisa acadêmica em comportamento do consumidor é uma grande aliada para o profissional de marketing buscar *insights* sobre esses efeitos situacionais. A literatura é vasta e, obviamente, não conseguiríamos citar, nesta obra, todos os resultados. Para isso, podemos recomendar que busque livros de compilações de estudos sobre determinado tema. Os chamados *handbooks* são ótimas fontes para obter um panorama geral sobre temas bastante específicos, como influência da marca, relação com a marca e influência das emoções.

É comum entre muitos gestores a crença de que, em marketing, a pesquisa científica é irrelevante para a prática nas organizações; no entanto, só para você ter uma ideia de como a pesquisa acadêmica pode ser relevante para a gestão de marketing, vamos trazer alguns resultados que mostram influências situacionais sobre o processo de compra.

Por exemplo, um estudo demonstrou que empresas que pedem a seus consumidores para gastar os recursos com responsabilidade – como um hotel que solicita a reutilização de toalhas para economizar a água que seria gasta na lavagem – correm sério risco de que o consumidor rejeite cooperar, pois este acredita que a intenção da empresa é economizar às custas de seu conforto. No entanto, pequenos sinais que demonstrem que a empresa também se esforça para ter um comportamento mais sustentável, como apontar os esforços e os investimentos da própria organização para conservar os recursos naturais, contribuem para que os consumidores deixem suas suspeitas de lado e escolham cooperar (Wang; Krishna; McFerran, 2017). Portanto, estímulos presentes no ambiente podem influenciar o consumidor a apresentar um comportamento que, provavelmente, não apresentaria se não estivesse exposto a eles.

Ariely (2008), em sua obra *Previsivelmente irracional*, relata um experimento interessante que demonstra como nossa percepção de um fator presente no contexto da transação pode influenciar a experiência com um produto. Alguns indivíduos foram convidados a participar do teste de um analgésico. A princípio, foram informados que o medicamento custava dois dólares e submetidos a um procedimento de pequenos estímulos de dor para medir a eficácia do remédio. Sob efeito do medicamento, em geral, os participantes relataram sentir menos dor no procedimento do que antes de tomarem a dose. Outro grupo de participantes passou pelo mesmo processo, mas, dessa vez, os pesquisadores disseram que o medicamento ingerido, cujo preço normal era US$ 2,50, estava com um preço especial de US$ 0,10. O resultado foi que apenas metade dos participantes desse grupo reportou que o remédio, de fato, diminuiu sua sensação de dor, ao passo que, no grupo que acreditava ter ingerido o remédio com preço de US$ 2,00, quase todos os participantes atestaram a eficácia do remédio. O fato é que nenhum dos dois grupos tomou analgésico, mas uma simples cápsula de vitamina C, ou seja, o efeito que os participantes alegaram sentir era fruto da crença de que estavam tomando um medicamento que poderia diminuir sua dor, e a mera alteração do preço (um fator situacional naquela experiência de consumo) foi capaz de alterar, também, a impressão que os consumidores tiveram da qualidade do produto.

Grupos de referência

A identificação com grupos sociais é um mecanismo psicológico fundamental em nosso comportamento de compra. Somos, de certa forma, programados para buscar associação com um grupo, assumindo e expressando a identidade desse grupo. Podemos dizer que esse fenômeno está relacionado à necessidade de pertencimento, precisamos fazer parte de um grupo e formar laços de relacionamento com pessoas (Baumeister; Leary, 1995).

Essa necessidade é tão presente em nosso cotidiano que a exclusão social pode ser fonte de grande sofrimento. Um estudo demonstrou que vivenciar uma situação de exclusão de um grupo, ou seja, ser privado da possibilidade de pertencer a determinado grupo, provoca em nosso organismo uma resposta fisiológica semelhante àquela de quando sentimos dor (Eisenberger; Lieberman; Williams, 2003).

Constatamos essa necessidade de ser aceito também nos comportamentos de consumo. Por exemplo, um estudo demonstrou que pessoas que foram rejeitadas por um grupo ao qual gostariam de pertencer apresentaram mais preferência por produtos associados à identidade daquele grupo. Os pesquisadores selecionaram estudantes universitários para participar de um procedimento em que deveriam gravar uma mensagem de apresentação em vídeo. Segundo os pesquisadores, essa mensagem seria apresentada a outro estudante e, depois, eles interagiriam pessoalmente.

Alguns desses estudantes foram levados a acreditar que o outro estudante recusou-se a interagir pessoalmente após assistir ao vídeo de apresentação. Aqueles que foram apresentados a essa situação de exclusão demonstraram um interesse maior em comprar itens que expressassem sua identidade como membros da universidade, de modo que suas chances de aceitação por esse grupo aumentassem.

Conforme crescemos e nos desenvolvemos, estabelecemos, de algum modo, vínculos a alguns grupos e desenvolvemos o desejo de participar de outros. São os chamados *grupos de referência*, estereótipos de identidades sociais nos quais nos apoiamos para definir nossa própria identidade ou a identidade que queremos assumir (Mead et al., 2010). "Esses grupos submetem as pessoas a novos comportamentos e estilos de vida, influenciam suas atitudes pessoais e sua autoimagem e criam pressões de adaptação que podem afetar suas escolhas em relação a marcas e produtos" (Kotler; Armstrong, 2007, p. 116).

Os grupos de referências são compostos por família, amigos, turma da escola, pessoas de nossa faixa etária, de nossa classe social (a que pertencemos ou de que pretendemos fazer parte), colegas de trabalho e grupos da comunidade onde vivemos. Tais grupos compartilham nossos valores, estilo de vida, maneira de pensar, de vestir ou agir. São pessoas que têm algo de que gostamos ou que temos vontade de possuir. Uma estratégia dos profissionais de marketing para atingir seu público-alvo é atuar sobre os formadores de opinião que compõem os grupos de referência de seus consumidores. Assim, ao alcançá-los, eles influenciarão, direta e indiretamente, seus consumidores.

Uma forma bastante almejada pelos profissionais de marketing para essa influência por pares é o *buzz marketing*. Esse conceito engloba uma série de técnicas para estimular o público a propagar, voluntariamente, o conteúdo promovido pela marca. É um conceito muito parecido com o que chamamos de *marketing boca a boca*, mas potencializado pelo alcance da internet, que permite ao consumidor atingir toda sua rede de contatos com uma única publicação. Falaremos um pouco mais sobre isso no Capítulo 5, ao discutir as implicações dessa tecnologia para a entrada da marca no círculo de determinado público.

É claro que os meios mais utilizados são as **mídias sociais**, em razão de sua grande abrangência e de seu alcance. Elas estão presentes em todos os níveis da sociedade, chegando a muitas pessoas de forma rápida e com baixo investimento. Atualmente, é muito comum que marcas busquem *digital influencers* (influenciadores digitais) para promover sua marca a determinado público específico. Esses influenciadores, comumente, são pessoas que alcançaram a fama na própria internet, por meio de produção própria de conteúdo. Nesse caso, a empresa pode aproveitar a audiência dessas pessoas para promover sua marca e, como vantagem, alcançar um público mais bem segmentado do que na televisão, por exemplo, já que o perfil do influenciador atrai um grupo de pessoas com alguma similaridade de gostos. Ainda discutiremos um pouco mais esse contexto na seção em que trataremos do perfil do consumidor global e do brasileiro, no Capítulo 6.

> **Para saber mais**
> Caso queira conhecer, na prática, esse conceito de *digital influencer*, há alguns importantes exemplos no Brasil, como os canais de Whindersson Nunes, Hugo Gloss e ThaynaraOG no YouTube. Vale ressaltar que, normalmente, essas pessoas têm influência em mais de uma rede social, como no Instagram e no Twitter.

No entanto, justamente por isso, precisamos tomar cuidado com uma interpretação equivocada. Em razão da capacidade de atrair um público específico, nem sempre será necessário procurar um influenciador com grande número de inscritos, pois, se a marca tiver um público bem definido, um influenciador com um público relativamente pequeno pode concentrar potenciais clientes, talvez até mais do que alguém que tenha milhões de seguidores. Por exemplo, uma marca de produtos voltados ao público vegano pode ter um resultado melhor firmando uma parceria com um canal mais especializado, como o canal *VegetariRANGO*, que tem cerca de 240 mil inscritos, do que com um canal como o *whinderssonnunes*, que, apesar de ter mais de 30 milhões de inscritos, tem um público muito mais disperso e diversificado.

Como afirmam Kotler e Armstrong (2007, p. 116), "É difícil estimar o impacto futuro dessas novas tecnologias de redes sociais sobre os negócios: elas geram tendências e criam imensas ondas de interesse em produtos específicos". E, dez anos depois da edição do livro, essa tendência da disseminação das redes sociais, entre todas as camadas da população, é evidente, especialmente no Brasil.

Nas redes sociais, ainda existe a formação de grupos, ou seja, pessoas com algumas características em comum que se associam por meio de aplicativos ou mesmo pelo Facebook para dividir seus desejos, necessidades, vontades, produtos e serviços utilizados e recomendados. Por exemplo, no Facebook, há um grupo com mais de 11 mil membros chamado *Pão Rústico*[2], no qual pessoas que curtem fazer seu próprio pão, de forma artesanal, com fermento natural, estão reunidas para trocar receitas, ingredientes, modos de fazer, produtos utilizados, marcas consumidas etc., e lá encontram especialistas que servem de suporte para quem está iniciando na produção de pães artesanais. Esse grupo influencia e é influenciado por seus membros. Há grupos de todos os tipos, reunidos por profissões, *hobbies*, estilos de vida, consumidores fiéis de uma marca ou com valores e visão de mundo parecidos, entre outros.

Mas se, por um lado, as redes sociais influenciam os consumidores de forma positiva, por meio dos grupos de referência, por outro lado, esse mesmo mecanismo pode ter um efeito danoso sobre a marca. Assim como a preferência do consumidor ganha visibilidade em sua rede, igualmente sua insatisfação pode ser disseminada. Cabe ao gestor acompanhar a interação dos consumidores com a marca também no ambiente virtual, tomando ações corretivas quando necessário para que consumidores insatisfeitos não prejudiquem a avaliação de outros clientes nem de potenciais clientes.

---

[2] Disponível em: <https://www.facebook.com/groups/pao.rustico//>. Acesso em: 15 jul. 2019.

De acordo com Solomon (2008), os grupos de referência influenciam os consumidores de três maneiras:

1. **Influência informacional** – o consumidor recorre a esses grupos para encontrar informações como opiniões, especializadas ou não, e experiências. Essas informações são usadas para embasar sua percepção sobre a situação de consumo. Por exemplo, jogadores do jogo de cartas colecionáveis *Magic: The Gathering* podem recorrer a comunidades *on-line* para encontrar combinações de cartas que possam aprimorar sua estratégia no jogo, como o *site* mtgtop8.com.

2. **Influência utilitária** – a decisão do consumidor é influenciada pelo desejo de garantir a aceitação de seus pares. O consumidor escolhe determinada opção por perceber que sua escolha será bem vista pelas pessoas do grupo de referência. Um executivo pode escolher um terno Giorgio Armani a fim de ser bem-visto por seus colegas de trabalho e clientes.

3. **Influência expressiva de valor** – o consumidor acredita que determinada marca está associada a valores ou traços de personalidade que pretende transmitir a seu grupo de referência. Um publicitário pode acreditar que a marca Apple reflete uma imagem criativa e descolada e pode dar preferência aos produtos dessa marca a fim de transmitir essa imagem.

Outra vertente do grupo de referência é o *endorsement*, ou endosso, que consiste em a área de marketing trazer, para junto da marca que gerencia, uma celebridade, estrela ou pessoa extremamente popular para ser garoto-propaganda. Nesse caso, o astro transfere sua credibilidade e sua imagem para o produto ou serviço para o qual foi pago para divulgar. E, como há uma forte identificação de parte da população – no caso, o público-alvo da empresa – com a celebridade, é certo que haverá influência na hora da decisão de compra do consumidor. A máxima é verdadeira: "quem não é visto, não é lembrado", mas quem é visto bem acompanhado, será ainda mais lembrado.

Papel da família na tomada de decisão

Quem é a primeira referência de um indivíduo? Quem assume a responsabilidade por protegê-lo e dar condições para sua socialização e desenvolvimento? Normalmente, esse papel é atribuído à família, grupo de referência que tem grande importância na vida do ser humano. É na família que aprendemos a ser humanos. Samara e Morsch (2005, p. 73) enfatizam que a "família é um grupo de referência de tamanha importância em termos de seus efeitos sobre o comportamento do consumidor que merece ser examinada separadamente".

Esse grupo é a primeira referência que temos de socialização e comportamento de consumo e continua sendo o único grupo que observamos por um bom tempo. Assim, fica evidente que, parte do que nos tornamos como compradores devemos à nossa família de origem, e isso tende a se perpetuar na família que constituirmos, claro que com as devidas e necessárias adaptações.

Porém, para desenvolver estratégias eficazes que considerem a influência da família no processo de decisão de consumo, é preciso que o profissional seja capaz de definir quem são as pessoas que constituem esse grupo. Tradicionalmente, o conceito de *família* refere-se a um grupo que compartilha parentesco e se agrupa em torno de um casamento. A relação de parentesco entre as diversas famílias nucleares formadas nos leva a usar também o conceito de *família estendida* para abranger essas relações entre pessoas que compartilham ascendência, mas não necessariamente vivem em uma mesma casa.

Entretanto, essa definição não é suficientemente abrangente para os profissionais de marketing, pois existem agrupamentos de pessoas que se organizam de forma parecida, mas não se encaixam com precisão nesses critérios. Para compreender esses grupos de forma mais ampla, o Instituto Brasileiro de Geografia e Estatística (IBGE) usa critérios um pouco diferentes para a realização do censo. O IBGE (2019) classifica como *família* um "conjunto de pessoas ligadas por laços de parentesco, dependência doméstica ou normas de convivência, residente na mesma unidade domiciliar, ou pessoa que mora sozinha em uma unidade domiciliar".

Note que esse conceito já engloba diversas estruturas familiares que não se encaixariam no modelo tradicional e que também influenciam as decisões de compra e as relações de consumo. Um grupo de estudantes que divide um apartamento poderia, nesse caso, ser considerado uma família, pois são pessoas unidas por normas de convivência que compartilham uma mesma unidade domiciliar. Provavelmente, nesse caso, o laço não será tão profundo e duradouro como costuma ser na relação entre pais e filhos, mas essas pessoas, certamente, também terão necessidades individuais e coletivas de consumo.

O processo de decisão de compras das famílias passou por alterações significativas nas últimas décadas: maior concentração nos espaços urbanos, menos filhos, mais *pets* – e sendo tratados como membros da família –, pais separados, pais solteiros, famílias homoafetivas, vida mais corrida, maior disponibilidade de tecnologia, entre tantos outros fatores que ainda poderiam ser destacados.

Com o advento das tecnologias, preços mais acessíveis e aparelhos com maior oferta e melhor custo benefício, hoje, todos os membros da família estão mais informados do que estavam há 10, 20 ou 30 anos. Com tanta informação ao nosso alcance, a pesquisa sobre produtos e serviços, bem como a possibilidade de comparação de preços, de características, de funcionalidade, de usos e de versatilidade ampliam o poder decisão dos membros da família, pois cada um quer ter vez e voz por ser detentor dessas informações. Assim, ao se comprar um celular, por exemplo, o filho adolescente pode ficar encarregado de fazer buscas, comparar funcionalidades, entender sua estrutura, seus componentes e as tecnologias embarcadas para prover com essas informações quem fará a escolha, de modo que esta seja a melhor possível. Já no caso da escolha de um médico ou de um serviço de saúde, a busca de informações e a tomada de decisão podem recair sobre os responsáveis.

Para Solomon (2008), o processo de decisão em uma família se assemelha a uma reunião de negócios, pois há um assunto a ser discutido (o que comprar) e cada membro tem uma opinião e visão sobre o assunto, podendo haver disputa de poder. Assim, com o desenrolar da situação, cada membro desempenha papéis distintos. Para esse autor, podemos classificar as decisões de compra no contexto da família de acordo com o processo de interação dos membros na escolha, a saber:

» **Decisão de compra consensual** – os membros concordam quanto a uma aquisição, divergindo apenas em termos de como ela será realizada.

» **Decisão de compra por acomodação** – os membros da família não conseguem chegar a um consenso, por não terem as mesmas prioridades e expectativas. Na busca de chegar a um consenso, usam barganha, coerção e comprometimento para que se chegue a um acordo.

Podemos dividir, ainda, o tipo de decisão quanto a quem toma a decisão de compra e, assim, temos:

» **Decisão autônoma** – quando a escolha de um produto ou serviço é feita apenas por um membro da família. Por exemplo, em muitas famílias, a mulher escolhe não apenas as próprias roupas, mas também muitas das roupas de seu marido. Nesse caso, marcas de roupa masculina podem achar interessante anunciar seus produtos também em canais que são utilizados por essas mulheres.

» **Decisão conjunta** – quando a decisão é partilhada por outros membros da família. A escolha sobre onde será pedida uma *pizza*, por exemplo, pode ser uma decisão conjunta de todos os membros da família.

No cenário de decisão em que não há consenso, ou seja, na decisão por acomodação, é comum que haja conflito. Mas cuidado, a palavra *conflito* pode levar a pensar em discussões acaloradas e desgastantes, porém essa não precisa ser uma característica presente para definir um conflito no processo de decisão! Segundo Solomon (2008), podemos observar alguns fatores específicos que podem influenciar o desfecho desses conflitos, a saber:

» **Necessidade interpessoal** – diz respeito ao nível de investimento de um membro com a decisão de compra, ou seja, o quanto a pessoa tem interesse na decisão e, portanto, interesse em seu resultado. Um adolescente pode ter interesse em influenciar a decisão de seus pais sobre que carro comprar por saber que seus amigos o verão chegando à escola naquele carro.

» **Envolvimento e utilidade do produto** – diz respeito ao nível em que o produto satisfaz uma necessidade do indivíduo. Quanto mais a pessoa estiver envolvida com o uso direto de um produto, maior será seu interesse em influenciar a decisão. Por exemplo, uma criança que gosta de usar o computador da sala para jogar *Minecraft* pode ter grande interesse em sugerir requisitos específicos para a escolha do computador.

» **Responsabilidade** – cada aquisição implica responsabilidades específicas para alguns membros. Provavelmente, a responsabilidade pelo pagamento recairá sobre apenas uma ou duas pessoas. Se o produto não for de consumo imediato, alguém precisará ficar responsável pela manutenção e pelo cuidado do produto. Quanto mais a decisão de compra gera responsabilidades diretamente ao indivíduo, maior seu interesse em influenciar a escolha. Por exemplo, a escolha de um piso novo para a casa afetará diretamente a rotina de cuidados das pessoas responsáveis pela limpeza da casa.

» **Poder** – diz respeito à capacidade que o membro tem de influenciar a decisão dos demais. As pessoas costumam usar seu poder para defender suas prioridades na decisão de compra. Por exemplo, sabendo do interesse dos pais em seu desempenho escolar, um filho pode tentar influenciá-los a contratar um plano com internet mais rápida, alegando que isso contribuirá para suas pesquisas.

Um profissional de marketing habilidoso deve entender como essas relações ocorrem com seu público-alvo. Uma empresa de jogos eletrônicos, por exemplo, deve considerar que boa parte de seu público depende dos pais para comprar os produtos. Nesse caso, os jovens consumidores precisam influenciar a figura-chave para que consigam a diversão que desejam e, portanto, a empresa tem de traçar estratégias para facilitar esse processo. Caso contrário, a empresa corre o risco de acabar com um produto altamente desejado, mas sem possibilidade de transação.

Um dos principais desafios dos profissionais é identificar quem é responsável pela tomada de decisão familiar em seu público-alvo. Obviamente, existirão diferenças entre uma família e outra, mas, em geral, podemos buscar padrões comuns à maioria dos casos no setor em que atuamos. Imagine uma marca que produz misturas para bolos: a equipe de marketing dessa empresa poderia fazer pesquisas com seus consumidores para identificar quem é a pessoa que, comumente, decide a compra desse produto na família. Com base nos resultados, a empresa pode criar ações específicas para esse público e, dessa forma, conquistar não apenas a pessoa que toma a decisão, mas também, indiretamente, a família inteira, já que provavelmente todos consumirão o produto.

Recentemente, um exemplo ocorreu na mídia brasileira. Como você sabe, as propagandas de produtos de limpeza costumam ser voltadas ao público feminino, principalmente pelo estereótipo que circula de que a limpeza da casa é uma tarefa atribuída às mulheres. A questão é que, como já discutimos, o número de arranjos familiares que desafiam esses estereótipos vem crescendo e, nesse caso, as marcas estariam negligenciando outros importantes públicos. Ao perceber essa tendência, a marca de produtos de limpeza Veja criou uma produção que, claramente, contraria aquilo que era observado como padrão por muito tempo. No lançamento de seu produto Veja Gold, utilizou como protagonista um homem, e mais do que isso, um homem jovem[3].

---

3 Você pode conferir o comercial no YouTube: <https://www.youtube.com/watch?time_continue =39&v=8beQvCwKEjQ>. Acesso em: 19 ago. 2019.

Com a utilização dessa imagem, a marca abrange, por exemplo, jovens solteiros que moram sozinhos, consumidores que, muitas vezes, não só compram, mas também utilizam os produtos de limpeza e podem sentir-se desconfortáveis ao ver que a compra do produto é tão associada ao público feminino.

Quanto mais instruídos em termos de educação formal forem os cônjuges, maior será o nível de compartilhamento nas decisões, o que nos informa que o conhecimento e a extensão da formação educacional influenciam na distribuição de poder entre o casal na hora das escolhas. Segundo Solomon (2008, p. 450), "À medida que o nível de educação formal do casal aumenta, maior é a probabilidade de os parceiros tomarem as decisões em conjunto".

Ao estudar seu público-alvo, você pode prever que tipo de decisões têm mais chances de serem tomadas de forma autônoma ou conjunta. Para isso, observe quatro fatores, de acordo com Solomon (2008), que podem ter grande influência:

1. **Estereótipos de papel sexual** – quando o casal acredita que certos papéis devem ser exercidos por apenas um dos cônjuges. Nesse contexto, para tudo que se relaciona a compras, divide-se a responsabilidade entre a mulher na compra de alguns itens e do homem na compra de outros. Claro que isso depende do contexto no qual esses casais estão inseridos. As crenças com relação à distribuição de papéis de gênero para um casal da Índia serão diferentes das de um casal no Brasil.

2. **Recursos conjugais** – a pessoa que assume, de forma mais clara, o papel de provedora tende a ter maior poder de influência.
3. **Experiência** – quando a experiência de um dos cônjuges para a tomada de decisão é mais saliente, normalmente serão tomadas mais decisões autônomas.
4. *Status* **socioeconômico** – as decisões conjuntas são mais comuns nas famílias de classe média do que nas classes mais altas ou mais baixas.

Ciclo de vida da família e novas estruturas familiares

Vamos refletir um pouco. Hoje, você mora com quem? Com seus pais, com seu companheiro, com amigos, sozinho? E seus pais? Moram apenas eles ou outros filhos vivem junto? Eles estão em qual faixa etária?

As respostas que serão dadas a cada uma dessas perguntas demonstrarão a fase do ciclo de vida da família. Cada fase tem implicações específicas nas necessidades e nas preferências de consumo da família, por isso o profissional de marketing precisa de um olhar cuidadoso sobre essas implicações para determinar como elas impactam seu negócio.

Em cada momento, diante de cada estrutura, cada situação em que a família está, ela consome produtos diferentes em volume, quantidade e tipos. Cabe ao gestor de marketing conhecer esses aspectos para atuar e montar estratégias que atinjam todas as famílias que estão no ciclo de vida que são interessantes à marca que ele gerencia, ou seja, saber, com clareza, o perfil do seu público-alvo.

Cada perfil – idade, estado civil, com filhos, sem filhos, divorciado ou não – e cada momento de vida trazem consigo algumas características e, com elas, comportamentos de compra diferenciados. Em cada fase, há necessidades específicas, seja para si, seja para a prole. Com isso, conhecendo cada um desses momentos, o profissional de marketing deve atuar para continuar sendo atrativo ao grupo de pessoas que são seus consumidores-alvo.

Entre os diferentes perfis genéricos de fase do ciclo de vida familiar vem ganhando destaque e importância para profissionais de marketing: adultos solteiros e adultos divorciados sem filhos. Esse público, obviamente, terá necessidades e comportamentos de consumo muito diferentes das demais, já que, normalmente, têm grande poder de decisão sobre o destino de sua renda.

Novas estruturas familiares

Se você estranha um pai dizer que, na separação, ficou com a guarda da filha de 4 anos; se, em seu condomínio, há vários apartamentos onde a mulher mora só com os filhos; se, na escola de seu filho, há crianças que têm como pais dois homens ou duas mulheres, não se espante mais.

As estruturas familiares passaram por várias alterações nas últimas décadas. O censo demográfico de 2010 mostra um quadro um pouco mais complexo, pois passou a considerar uma variável que não era medida: a disposição do brasileiro de reconstituir uma família após a separação. Esse estudo mostrou que, em 16,3%

do total de casais que vivem com filhos, estes não são fruto da união atual (IBGE, 2010).

Outro público importante a ser considerado, ainda, é o de casais homoafetivos, com ou sem filhos. Um estudo econométrico feito pela Secretaria de Planejamento e Gestão do Governo do Ceará identificou que casais homoafetivos masculinos apresentam uma renda em média 30% maior do que os casais compostos por pessoas de sexos diferentes (Suliano; Irffi; Veras, 2014). Como os próprios autores do estudo reconhecem, é preciso ter cuidado ao interpretar esse dado, pois ele não representa que homossexuais têm renda superior, afinal, o fato de considerarem casais constituídos pode gerar um viés na amostra, já que as pessoas que chegam a constituir famílias com essas características, normalmente, já apresentam características socioeconômicas bastante específicas. De qualquer maneira, percebemos que se trata de um mercado que precisa ser observado pelas organizações, pois o consumo desse público pode estar associado à construção de uma identidade bastante específica (Pereira; Ayrosa; Ojima, 2006), ou seja, é preciso entender os símbolos culturais associados ao consumo desse público.

Nesse contexto, Pereira, Ayrosa e Ojima (2006) observaram alguns aspectos bastante interessantes, como a preferência por produtos e serviços que reforcem o sentimento de aceitação de seu estilo de vida; a preocupação estética, que se reflete também na moda; e a constatação de que o consumo ajuda a construir uma identidade de grupo percebida apenas por eles próprios e que, de certa forma, age como precursora da moda na cultura dominante.

Síntese

Nesse capítulo, você conheceu alguns fatores que apontam que a decisão de consumo não é exatamente um cálculo racional entre as alternativas que temos para satisfazer determinada necessidade. O contexto, tanto de decisão quanto de consumo, é mais influente do que imaginamos intuitivamente.

Retomamos, aqui, o papel dos valores culturais como direcionadores das preferências de consumo. Muito da nossa motivação de consumir determinado produto está relacionado ao gerenciamento de como isso pode afetar nosso relacionamento com nossos grupos de referência. Afinal, em nossas relações sociais, se formos usar uma metáfora, desempenhamos papéis de modo análogo a papéis de teatro, como se em cada tipo de relação desempenhássemos uma personagem diferente.

Como consequência dessa relação complexa, somos influenciados de uma forma bastante peculiar por esses grupos sociais que fazem parte do nosso contexto, seja um grupo ao qual pertencemos, seja um ao qual pretendemos pertencer, o consumo é uma forma de expressar esta ou aquela identidade social.

Por fim, discutimos mais a fundo, um dos principais grupos de referência frequentemente responsável pela formação das primeiras experiências de consumo do indivíduo: a família, que lança as bases que perdurarão por muito tempo influenciando as escolhas dele. Atualmente, podemos pensar em diversos arranjos de famílias, cada um com suas particularidades.

Questões para revisão

1. As decisões de consumo dependem muito do contexto em que são tomadas. Com base nisso, avalie as afirmativas a seguir.

    I. Os grupos de referência são representados por identidades sociais das quais o consumidor participa ou gostaria de participar.

    II. O sexo e o gênero direcionam as preferências de consumo, tanto pelo surgimento de necessidades específicas quanto pela construção social em torno dos sexos.

    III. Independentemente do estilo de vida que adotam, pessoas têm necessidades a serem supridas, por isso, para o consumo utilitário, o estilo de vida não é relevante, apenas para o consumo hedônico.

    IV. Ao lidar com uma decisão de compra familiar, o foco do profissional de marketing deve ser a pessoa que exerce o papel de pagante.

    Agora, assinale a alternativa que apresenta somente os itens corretos:

    a. I.
    b. I e II.
    c. II e III.
    d. I, II e IV.
    e. II, III e IV.

2. Avalie as afirmativas a seguir e a relação entre elas.

   I. A família pode ser considerada um grupo de referência para um consumidor.

   PORQUE

   II. Grupos de referência são pessoas que participam ativamente do processo de decisão de compra, sugerindo ao consumidor qual opção escolher.

   Agora, assinale a alternativa correta:

   a. As afirmativas I e II são verdadeiras, e a II é uma justificativa correta da I.
   b. As afirmativas I e II são verdadeiras, mas a II não é uma justificativa correta da I.
   c. A afirmativa I é uma proposição verdadeira, e a II é uma proposição falsa.
   d. A afirmativa I é uma proposição falsa, e a II é uma proposição verdadeira.
   e. Nenhuma das afirmativas é verdadeira.

3. Uma decisão de compra não é um processo que acontece de maneira uniforme para todos os consumidores, afinal, é afetado por diversos fatores pessoais e situacionais. Sobre esse assunto, avalie as afirmativas a seguir.

   I. Os fatores pessoais e situacionais que afetam o consumidor são controláveis pela empresa, portanto devem ser contemplados na estratégia de marketing.

   II. A faixa etária da qual o consumidor faz parte representa um fator pessoal.

III. Identificando o estilo de vida de seus potenciais clientes, o profissional de marketing pode criar representações para sua marca que a associem a esse estilo de vida, provocando o sentimento de identificação.

IV. A diferença entre os sexos propicia o surgimento de diferentes necessidades, mas as preferências para produtos que não são específicos para um sexo tendem a ser as mesmas, independentemente de sexo.

Agora, assinale a alternativa que apresenta somente os itens corretos:

a. I e IV.
b. I e III.
c. II e IV.
d. II e III.
e. II, III e IV.

4. Uma vertente do grupo de referência é o *endorsement*, ou endosso, que consiste em a área de marketing trazer, para junto da marca que gerencia, uma celebridade, estrela ou pessoa extremamente popular para ser o garoto propaganda. Quais os objetivos dessa estratégia? Quais cuidados devem ser tomados na escolha desse porta-voz?

5. Em muitas decisões de compra no contexto familiar, é comum que os papéis de decisão estejam dispersos entre os membros que participam desse processo. Explique de que forma o conhecimento sobre o padrão de atribuição desses papéis, em determinado público, pode ser útil para um profissional de marketing.

Questão para reflexão

1. Atualmente, vivemos o que muitos pesquisadores denominam *sociedade de consumo*. Considerando o que esse cenário representa a respeito das relações de consumo, que tipo de implicações éticas podem ser questionadas acerca da atuação do profissional de marketing e de sua responsabilidade?

UNINTER

capítulo 3
processo de decisão

Conteúdos do capítulo:

» Significado de satisfação do consumidor.
» Definição de experiência de consumo.
» Aspectos psicológicos do consumo.
» Barreiras para alcançar o consumidor.
» Processo de decisão de compra.

Após o estudo deste capítulo, você será capaz de:

1. compreender o conceito de *satisfação do consumidor*, bem como as formas de mensurá-lo;
2. reconhecer o papel da experiência de consumo na percepção e na avaliação do consumidor;
3. explicar as diversas abordagens teóricas do estudo da psicologia do consumidor;
4. identificar os diferentes estágios pelos quais passam os consumidores durante o processo de compra, bem como o papel da gestão de marketing nesse processo.

Em 1990, Kohli e Jaworski (1990) introduziram o conceito de *orientação para o mercado*. Os autores argumentam que empresas orientadas para o mercado adotam diretrizes que disseminam, em todos os setores da organização, uma cultura centrada em identificar e atender às necessidades presentes e futuras dos consumidores. As empresas genuinamente orientadas para o mercado fazem isso com base em sua inteligência de mercado, ou seja, buscam desenvolver métodos e técnicas para obter e analisar dados sobre seus públicos, a fim de tomar decisões fundamentadas em um panorama objetivo sobre o comportamento do mercado.

Ao incluir esse conceito como algo que permeia toda a organização, os autores estão, na verdade, reconhecendo que a satisfação do cliente é uma responsabilidade de todos os departamentos, e não apenas do departamento de marketing ou da equipe responsável pelas vendas. Todos os departamentos são capazes de gerar dados relevantes que possam ser integrados na geração da inteligência de mercado.

Por mais óbvia que pareça, tente dar uma resposta à seguinte pergunta: Por que as empresas deveriam considerar a satisfação do consumidor como um objetivo central? Separe alguns minutos para pensar sobre isso antes de prosseguir a leitura.

Como dissemos, a resposta parece óbvia. Consumidores satisfeito são mais propensos a fazer uma boa avaliação da marca para seus conhecidos, ou seja, podem contribuir para um marketing boca a boca positivo. O contrário também é uma possibilidade, pois consumidores insatisfeitos podem gerar marketing boca a boca negativo, contaminando a experiência de outros clientes, atuais ou potenciais.

Você também deve ter imaginado que consumidores satisfeitos provavelmente voltarão a comprar, ao passo que consumidores insatisfeitos dificilmente se relacionarão com a empresa novamente. Em outras palavras, consumidores satisfeitos tendem a ser mais fiéis à marca, portanto são menos propensos a trocá-la quando precisam fazer o mesmo tipo de compra novamente.

Embora essas respostas pareçam intuitivas e, até mesmo, uma questão de bom senso, nossa intenção é que você desenvolva senso crítico e raciocínio científico. O estudo acadêmico de marketing busca desenvolver um conhecimento mais sólido do que o senso comum. Por exemplo, se a satisfação do consumidor é um elemento tão importante para os negócios, por que as empresas que encabeçam a lista das mais reclamadas no Procon continuam operando há anos e com lucros bilionários?

Afinal, então, o que é a satisfação do consumidor? Se esse é um conceito tão importante e central, seria interessante olhar com mais cuidado para sua definição, não é mesmo? Por isso, trataremos desse assunto mais detalhadamente.

Satisfação do consumidor

Podemos dizer que a satisfação do consumidor é, na verdade, o resultado de um julgamento que determinada pessoa faz de sua experiência de consumo, ou seja, trata-se de uma relação de comparação entre a expectativa que o consumidor tem e a percepção que, de fato, ele teve. Se a expectativa for confirmada, haverá um cenário de satisfação, mas, se a expectativa não for confirmada, dois cenários serão possíveis: (1) **positivo**, em que a percepção excede à expectativa, é nomeado por alguns teóricos de *encantamento*; (2) **negativo**, no qual a percepção é inferior ao que o consumidor esperava, gerando uma situação de insatisfação (Fournier; Mick, 1999). No entanto, aqui vale pontuar que estamos falando de um contínuo, ou seja, existem níveis de satisfação e insatisfação.

Essa percepção acontece a cada experiência de interação do consumidor com a empresa, mas é importante também considerar que, paralelamente, é criada uma impressão geral da empresa, ou seja, uma avaliação ampla de satisfação do consumidor com relação a todas as interações dele com a empresa, a denominada *satisfação global* (Fornell, 1992). Evidentemente, esse julgamento está muito relacionado à percepção do cliente sobre a qualidade do que recebe, portanto *satisfação* e *qualidade* são conceitos bastante correlatos.

Para medir esses conceitos, foram desenvolvidos alguns instrumentos. Vamos, agora, observar duas escalas, ambas aplicadas aos clientes na forma de questionários e bastante conhecidas.

Parasuraman, Zeithaml e Berry (1988; 1991) desenvolveram um instrumento, denominado *Servqual (Service quality* – Qualidade do serviço), para medir a percepção do cliente em relação a um serviço, considerando cinco dimensões, que são:

1. **Tangibilidade** – capta a percepção do cliente sobre os aspectos tangíveis do serviço prestado, ou seja, os elementos passíveis de observação concreta, como os materiais utilizados, os ambientes físicos, a apresentação dos prestadores de serviço, entre outros.
2. **Confiabilidade** – refere-se à percepção do cliente sobre quanto pode contar com a empresa para solucionar eventuais problemas que aconteçam ao longo do serviço.
3. **Prontidão ou responsividade** – diz respeito à eficiência e à eficácia da empresa em dar respostas rápidas e precisas aos questionamentos do cliente. Essa prontidão

para atender às demandas pode ser crítica para que o cliente tenha a sensação de segurança.

4. **Garantia** – o cliente percebe sinais de que a empresa terá a capacidade e os elementos necessários para prestar um serviço de qualidade. É preciso ter especial cuidado para que o cliente não a confunda com a dimensão de confiabilidade, pois a garantia diz respeito ao compromisso da empresa de não negligenciar o cliente caso aconteça algum contratempo.
5. **Empatia** – o cliente percebe que a equipe que lhe atende consegue entender sua situação e captar o que lhe é mais relevante e conveniente.

O objetivo desse instrumento é revelar a qualidade percebida pelo consumidor considerando sua expectativa com relação ao desempenho notado na prestação do serviço. Mas existe também outro modelo bastante renomado, o chamado *Servperf* (*Service performance* – Desempenho do serviço). Nesse modelo, não é considerada a expectativa do cliente, apenas sua percepção do desempenho da empresa. Você deve estar se perguntado por que, então, seria avaliada a satisfação sem considerar a expectativa, já que ela é tão importante para a percepção final do cliente. Bem, de certa forma, essa abordagem tem uma aplicação mais simples e mais facilmente entendida pelos clientes. Além disso, com essa escala, a empresa considera elementos que são mais controláveis, pois são internos aos seus processos, já que a expectativa do cliente não pode ser controlada pela empresa (Marchetti; Prado, 2001).

Nesse ponto, precisamos ter um pouco de cuidado para não criar a falsa impressão de que a satisfação do consumidor é oriunda apenas da comparação racional entre aquilo que ele esperava e aquilo que ele recebeu. A satisfação também pode ser fortemente influenciada por fatores emocionais e significados socioculturais que são construídos em torno do que é avaliado (Fournier; Mick, 1999). Na dimensão sociocultural, a mera aprovação do produto por pares pode ser um fator extremamente relevante na avaliação do indivíduo e, na dimensão emocional, as respostas afetivas geradas durante a experiência de consumo podem superar a avaliação objetiva e racional da diferença entre a expectativa e a entrega dos benefícios funcionais.

Kohli e Jaworski (1990) acreditam também que existem algumas condições em que a orientação para o mercado é benéfica para a empresa. Considerando que essa prática compromete recursos, podem existir situações em que ela não seja tão crítica para o sucesso da organização. Uma dessas condições é a intensidade de competição no mercado em que a empresa atua. Você provavelmente está acostumado a ouvir notícias apontando as empresas de telefonia como as que mais recebem reclamação no Brasil. Bem, nesse caso, estamos falando de um setor com poucos operantes, ou seja, o consumidor tem pouca liberdade de escolha ao comprar o serviço. Esse cenário permite que as empresas mantenham apenas uma oferta de serviços mínima para garantir a fidelização do consumidor. Quando uma dessas empresas apresenta uma inovação, é rapidamente copiada pelas demais, provocando também uma pequena variação entre a oferta das diferentes marcas.

No setor elétrico brasileiro, por exemplo, um estudo demonstrou que a satisfação do consumidor não é um fator que afeta sua lealdade à empresa fornecedora (Marchetti; Prado, 2004). Considerando que, no Brasil, uma pessoa física não tem possibilidade de escolher qual empresa será sua fornecedora de energia, já que está limitada à distribuidora de seu estado, fica evidente essa relação.

No entanto, quanto maior o **nível de competição** no mercado em que a organização atua, maior deve ser sua preocupação em atender e prever, de forma eficiente e eficaz, as necessidades de seu mercado. O gestor deve ter a sensibilidade de comparar se os benefícios do emprego de recursos para que a empresa seja orientada para o mercado excedem os custos desse processo. Afinal, em uma sociedade capitalista, a lucratividade do negócio é uma das condições para que a empresa mantenha-se operando.

Depois dos anos 2000, a interatividade só aumentou, pois as redes sociais foram ampliadas – principalmente com a chegada de Facebook, Instagram, WhatsApp, entre outras –, e *sites* e *blogs* disseminaram ainda mais informações, em especial opiniões, contribuindo de maneira marcante para a tomada de decisão de compra.

Outro aspecto importante dos tempos atuais é o **nível de conectividade**. As pessoas, no Brasil, têm mais acesso à internet do que tinham há cinco ou dez anos. A popularização dos *smartphones* e de pacotes de internet disponibilizados pelas operadoras de telefonia celular contribuem para que as pessoas fiquem mais tempo conectadas, o que permite que elas façam suas compras munidas de muito mais informação do que no passado.

Você possivelmente já ouviu falar do impacto da internet sobre a imagem das empresas, pois essa ferramenta dá voz e visibilidade às reclamações dos consumidores. Aliás, você mesmo, certamente, já se deparou com reclamações ou elogios a marcas nas redes sociais ou em páginas específicas para isso. Talvez a reclamação tenha sido feita por alguém próximo a você ou por alguém que você sequer conhece, mas apareceu em sua tela. Como a reclamação dessa pessoa pode impactar seu relacionamento com a empresa em questão?

Uma pesquisa feita no contexto brasileiro demonstrou que uma reclamação publicada na internet pode, sim, afetar negativamente a avaliação de alguém que não foi consumidor da empresa, mas isso depende da distância social entre a pessoa que fez a reclamação e o consumidor que a lê na internet (Mantovani et al., 2015). Portanto, quanto mais próximo você for da pessoa que está reclamando da empresa, maior a probabilidade de que você tome o partido dela, o que prejudicará a sua própria avaliação da empresa, mesmo que você nunca tenha tido dificuldades com a empresa em questão. Contudo, se a reclamação que você ler for feita por alguém mais distante, é provável que o impacto não seja tão negativo. Isso acontece em razão de um mecanismo presente na nossa dinâmica de formação de grupos, que nos leva a perceber certa similaridade entre as pessoas que são próximas a nós e nós mesmos.

Na década de 1950, o contentamento do consumidor ocorria de maneira rápida e simples. A pouca variedade de produtos disponíveis criava um cenário em que as funcionalidades básicas eram suficientes para a satisfação de boa parte do público.

Mas, no Brasil, a partir dos anos de 1990, com a abertura de nossa economia, a chegada de novas empresas e a disponibilização de maior variedade de produtos, os consumidores tornaram-se mais exigentes. De acordo com Samara e Morsch (2005, p. 15),

> A satisfação total do consumidor só é possível quando o conhecemos profundamente e quando administramos elementos mercadológicos com base em dados e fatos. Muitas empresas já perceberam que o conhecimento acurado sobre os hábitos e motivações do consumidor e, principalmente dos seus clientes, deve integrar o capital intelectual da organização. Se o conhecimento é a grande fonte da vantagem competitiva em nossa era, as empresas que melhor souberem acessar a parte submersa dos icebergs que povoam o mercado e transformar esse conhecimento em soluções concretas que forneçam o provimento de sua satisfação serão aquelas que triunfarão.

Umas das maneiras de satisfazer o consumidor é proporcionar-lhe experiências positivas quando ele entrar em contato com a empresa e/ou tomar conhecimento da marca. Para tanto, uma das maneiras de concretizar isso é fazer com que os colaboradores estejam alinhados com a estratégia empresarial e de marketing, o que exige um trabalho de **marketing interno**. Esse conceito consiste, basicamente, em trabalhar o marketing dos produtos ou serviços para todo o quadro da empresa. Colaboradores bem informados são mais motivados e contribuem, direta e indiretamente, para que o cliente tenha experiências positivas.

Para Honorato (2004, p. 26), "Marketing interno é o conjunto de ações da empresa com o propósito de preparar seus funcionários para a cultura do comprometimento com a satisfação dos seus clientes". Nesse caso, o autor usa o termo *cultura* no sentido de que todos possam compartilhar os mesmos valores, ter a mesma visão, ou seja, comportar-se seguindo padrões éticos e morais definidos pela missão, pela visão e pelos valores da empresa. Somente assim o cliente perceberá que todos assumem a responsabilidade de satisfazê-lo, independentemente da área com a qual esteja tratando (televendas, expedição ou qualidade).

Com isso, não se espera, necessariamente, que a empresa seja perfeita e só proporcione experiências positivas, mas que seja essa a meta, que todos trabalhem unidos, voltados a este objetivo maior: satisfazer o cliente.

Umas das formas de se implementar o marketing interno é realizar ações em parceria com a área de gestão de pessoas. Afinal, é dessa área a missão de manter os colaboradores treinados, capacitados, além de proporcionar-lhes condições de ambiente, de infraestrutura e de liderança adequadas para que tenham motivação. Ainda segundo Honorato (2004, p. 194), "Por meio do marketing interno, deve-se treinar e motivar as pessoas e departamentos envolvidos com o cliente, com o propósito de que todos trabalhem como uma equipe, para promover a satisfação do cliente".

A própria orientação para o mercado, que discutíamos há pouco, é uma proposta para gerar mais comprometimento da equipe com a satisfação das necessidades do público. Uma pessoa, ao perceber que trabalha em uma organização em que o foco é atender seu público de maneira efetiva, pode desenvolver o sentimento de orgulho por participar de um trabalho que considera relevante, portanto, tende a ter maior satisfação e comprometimento (Kohli; Jarwoski, 1990).

Como você define um consumidor satisfeito? O que determina se um consumidor estará satisfeito ou insatisfeito em sua relação com a empresa? Essas questões são cruciais. Afinal, como você vai saber se sua oferta satisfará o consumidor sem conhecer como é formada essa satisfação?

Podemos dizer que a satisfação do consumidor é composta por três fatores: (1) expectativa do consumidor, (2) qualidade percebida e (3) valor percebido (Anderson; Fornell, 2000). A **expectativa do consumidor** é o que ele espera da interação com a empresa no que se refere à qualidade da oferta prestada e também ao preço. Essa expectativa é formada por meio de interações prévias, como compras anteriores ou, até mesmo, relato de outros consumidores sobre a empresa.

A **qualidade percebida** diz respeito a quão bem desempenhada o consumidor constata que foi a oferta da empresa. Obviamente, as pistas usadas pelos consumidores para perceber a qualidade serão diferentes se estivermos falando de bens tangíveis ou serviços. O consumidor de bens tangíveis estará atento à qualidade dos materiais, ao desempenho das funcionalidades e à durabilidade do produto, ao passo que o consumidor de serviços estará muito mais atento ao resultado do serviço e à interação com o pessoal.

Todavia é preciso tomar cuidado com essa noção, pois, na prática, existem muitas empresas cuja oferta é composta tanto de bens tangíveis quanto de serviços. A oferta de um restaurante é um exemplo clássico dessa situação, pois é composta tanto pelo consumo de um produto tangível (a refeição consumida) quanto pela prestação de um serviço (o preparo do prato com o serviço à mesa, em alguns casos).

O **valor percebido** pelo consumidor é, na verdade, a interação entre os demais fatores. O consumidor avalia se a qualidade do produto, dado seu preço, é coerente com suas expectativas. A impressão final do consumidor sobre todos esses fatores ajuda a formar sua satisfação geral com a empresa.

A seguir, listamos alguns fatores que contribuem para a satisfação ou a insatisfação dos clientes:

- » **Qualidade** – produtos ou serviços que não condizem com aquilo que é propagado/divulgado.
- » **Similaridade** – entre aquilo que está exposto em foto, especialmente em *site*, e aquilo que é entregue ao consumidor. Nesse quesito, é importante apresentar medidas, informações detalhadas para que não se criem expectativas que não serão atendidas.
- » **Prazo de entrega** – o cliente cria a expectativa de receber o produto no prazo prometido pelo fornecedor, se algo der errado, o cliente deve ser informado – o prazo estipulado deve ser prazo cumprido.
- » **Preço justo** – o cliente, ao decidir pela compra do produto A e não B, espera que o preço que pagou, mais barato ou mais caro, seja condizente com o funcionamento, o rendimento e a duração do produto.

- » **Assistência técnica** – uma das questões que mais causa insatisfação é o produto dar problema e o cliente sofrer nas mãos das empresas autorizadas de assistência técnica.
- » **Atendimento** – quando o cliente necessita de informações adicionais, busca pela rede de assistência técnica, pelo manual de funcionamento ou por outras situações que demandam atendimento, seja pessoal, seja por telefone, *site* ou redes sociais, e, nesses casos, deve ser prontamente atendido e com qualidade.
- » **Equívocos na cobrança** – ninguém gosta de pagar valores errados ou receber cobranças inadequadas, assim, a demora na solução desse tipo de problema gera alto grau de insatisfação.
- » **Serviços mal prestados** – não existe situação pior do que pagar por um serviço e ele ser mal prestado ou executado. Às vezes, as consequências são irreversíveis. Por isso, entregar qualidade na prestação de serviços é obrigatório.

Vários outros fatores podem contribuir para a satisfação do cliente, cabe ao gestor ou ao profissional de marketing atentar-se, em sua área de atuação, aos pontos que são cruciais para que eles gerem a satisfação, e não a insatisfação, de seus clientes.

> **Para saber mais**
>
> Se você deseja conhecer quais as empresas que mais recebem reclamações dos consumidores, pode conferir a lista no *site* do Procon, em que consta o *ranking* das 50 empresas mais reclamadas no Procon de São Paulo.
>
> PROCON ONLINE. **Ranking:** 50 empresas mais reclamadas no Procon de São Paulo. Disponível em: <https://www.procononline.com.br/empresas-mais-reclamadas-no-procon-de-sao-paulo/>. Acesso em: 10 set. 2019.

Experiências de consumo

A relação do consumidor com uma empresa vai muito além da mera transação, pois, durante todo o processo de compra, ele tem respostas cognitivas, afetivas, sociais e físicas aos estímulos que recebe. Para tornar mais claro esse conceito, vamos imaginar duas situações de compra de um mesmo produto: uma cafeteira elétrica.

Primeiramente, imagine um jovem casal que prepara uma lista de presentes para seu casamento. A expectativa que eles alimentam sobre o grande evento pelo qual estão aguardando, provavelmente, fará com que uma simples visita a uma loja de artigos para a casa seja uma experiência memorável e cheia de emoções. A simples escolha de uma cafeteira elétrica pode ser o gatilho para uma série de cenários imaginados sobre como será a vida de recém-casados.

Já um consultor que busque uma cafeteira para substituir a que tem hoje em seu escritório pode vivenciar a mesma situação de compra de forma bastante diferente. A visita à loja para escolher o modelo pode até ser agradável, mas, dificilmente, terá uma carga afetiva tão intensa quanto a do jovem casal. A percepção particular e subjetiva (ou seja, inerente ao sujeito) de cada uma dessas pessoas sobre o processo de consumo é o que chamamos de *experiência de consumo* (Meyer; Schwager, 2007).

Contudo, a experiência do consumidor não se limita apenas à interação direta com a oferta da organização, ela também se estende aos contatos indiretos (Meyer; Schwager, 2007). Podemos entender como *contatos diretos* aqueles que estão sob controle direto da organização – como a visita do cliente à loja, o atendimento, o teste do produto, o uso do produto, entre outros. Já os *contatos indiretos* são aqueles em que o consumidor vivencia uma relação com a marca, mas sem que isso seja intencional (pelo menos, por parte do consumidor). Um consumidor que esteja em um restaurante observando com admiração a camisa da pessoa sentada em uma mesa próxima à sua está tendo um contato indireto (e, portanto, uma experiência) com a marca. Aliás, você reparou que isso pode acontecer em qualquer uma das fases do processo de decisão de compra?

É a partir da experiência que o cliente tem com o produto que ele cria uma escala de valoração daquele produto com o qual interagiu. Vários fatores podem contribuir para que essa interação seja positiva ou não, por isso cabe ao profissional de marketing cuidar dos detalhes relevantes para que o consumidor tenha uma experiência positiva, duradoura e significativa.

Muitas empresas já têm constatado que é preciso se preocupar com detalhes que serão significativos nas experiências de consumo de seus clientes. Para Kotler e Armstrong (2007, p. 200), "mais do que fabricar produtos e oferecer serviços, elas estão criando e gerenciando experiências para o cliente com seus produtos e/ou sua empresa".

Verhoef et al. (2009) desenvolveram um modelo para sistematizar os fatores determinantes da experiência do consumidor e também suas consequências. Segundo os pesquisadores, esses fatores são: ambiente social, interface de serviço, atmosfera de varejo, organização das ofertas, preço, experiência em canais alternativos e marcas envolvidas.

O **ambiente social** diz respeito à percepção que o consumidor tem do contexto de consumo que envolve outras pessoas. Um restaurante muito cheio pode fazer com que o atendimento fique mais lento, disperso entre os clientes, prejudicando sua experiência. Por sua vez, uma festa em uma casa noturna que esteja com poucos clientes pode deixar as pessoas com a impressão de uma festa desanimada.

O princípio por trás desse fator é que a experiência do consumidor pode ser influenciada pelas ações dos demais consumidores à sua volta. Nesse caso, o gestor pode prever situações que, eventualmente, representem riscos. Por exemplo, a criação de um espaço recreativo para crianças pode ser uma forma de proporcionar uma experiência mais agradável para os clientes de um restaurante, pois ajuda a diminuir a inquietação da criança, que pode perturbar o sossego dos pais e, até mesmo, dos demais clientes.

Embora pareça uma particularidade dos ambientes de loja física, é possível que o ambiente social influencie também a experiência de clientes *on-line*. Um comentário feito em uma página pode contaminar a expectativa e a percepção do cliente sobre sua própria experiência. A avaliação de outros usuários sobre o produto (as famosas estrelinhas) ou o número de *downloads* de um arquivo podem ser usados para ancorar a percepção de qualidade de uma maneira surpreendente. O alto número de visitantes a uma página pode fazer com que ela saia do ar, impossibilitando o acesso e, portanto, prejudicando a experiência.

A experiência proporcionada pela **marca do varejista** pode também exercer um papel fundamental sobre a experiência do consumidor. Um perfume Invictus, comprado em uma loja de departamentos, como as lojas Renner, pode proporcionar uma experiência completamente diferente do que se o mesmo produto fosse comprado em uma loja especializada em perfumes, como a Sephora.

Como demonstrou um estudo de Jacoby e Mazursky (1984), a avaliação que o consumidor tem sobre o varejista pode influenciar sua avaliação do produto comprado e vice-versa. Os pesquisadores descobriram que, quando a avaliação sobre o varejista era maior do que a da marca do fabricante de um produto (roupas, no caso do estudo), a avaliação do produto era maior do que se este não estivesse vinculado à marca daquela loja. Entretanto, a presença de uma marca com uma avaliação menor do que a do varejista acabava diminuindo a avaliação do varejista.

Para Brasil (2007, p. 4), as reações ou respostas dos clientes frente ao ambiente físico podem ocorrer em três níveis, a saber:

1. **Respostas cognitivas** – relacionam-se às crenças, às categorizações e aos significados simbólicos atribuídos à organização ou ao seu produto, com base no ambiente percebido.
2. **Respostas emocionais** – envolvem atitudes, humor e estado de espírito causado ou influenciado pelo ambiente de prestação do serviço.
3. **Respostas físicas** – caracterizam-se como reações ligadas, por exemplo, ao conforto/desconforto, à mobilidade no ambiente e ao calor/frio percebidos pelos indivíduos presentes.

Uma vez que esses níveis de reações são conhecidos, é fundamental tomar os devidos cuidados para que sejam utilizados com o objetivo de trazer resultados positivos à empresa. Segundo Kotler e Keller (2006, p. 510),

> O ambiente é outro aspecto importante para as lojas. Todas as lojas têm um ambiente físico que pode facilitar ou dificultar a movimentação das pessoas em seu interior. Toda loja tem um 'visual'. A loja deve incorporar um ambiente planejado que seja adequado ao mercado-alvo e que atraia clientes favorecendo as compras.

Definir o que seria uma experiência agradável é muito particular. Por se tratar de uma percepção subjetiva, não podemos determinar um tipo de experiência ideal para todas as organizações. Assim, cabe ao gestor atentar-se ao ambiente e analisar seus públicos para descobrir quais fatores eles veem como positivos ou negativos no ambiente de sua loja.

Essa lógica também vale para as lojas virtuais. Uma página eletrônica precisa ser responsiva e intuitiva para que proporcione uma experiência agradável a seus usuários, caso contrário, a pena para as empresas que não conseguem cumprir esse requisito será a evasão de clientes. Essa é uma preocupação tão relevante que surgiu um novo campo para estudar o efeito das criações sobre a experiência do consumidor: o *UX*, sigla em inglês para *user experience* (experiência do usuário, em livre tradução).

Você saberia dizer o que é preciso para proporcionar uma experiência satisfatória ao consumidor? Pode parecer intuitivo responder que a melhor experiência possível é resultado de um serviço completo e que, em termos simples, devemos tratar o cliente como rei, mas nem sempre isso é verdade.

Norton, Mochon e Ariely (2012) demonstraram que fazer tudo pelo cliente nem sempre proporciona a ele a melhor experiência. Às vezes, colocar o cliente para trabalhar um pouco pode fazer com que ele atribua maior valor ao produto, o que os pesquisadores denominam *efeito Ikea*.

Você já ouviu falar na marca Ikea? É uma varejista sueca de móveis e decoração que tem como principal diferencial fornecer móveis desmontados. Isso mesmo, se o cliente quiser uma mesa em sua sala, terá que montar por si mesmo. Parece uma falha de serviço, não é? Mas, então, por que os clientes da marca parecem valorizar esses produtos?

Obviamente, a resposta envolveria vários fatores, mas o que Norton e seus colegas apontaram é que o esforço dedicado pelo próprio cliente para obter seu produto parece aumentar o valor percebido nele. Algo como se o fato de você mesmo ter montado gere um carinho especial por aquele item. Aliás, os participantes da pesquisa demonstraram um apreço tão grande por suas criações, que esse sentimento se assemelhava ao que sentiam pela criação de um *expert*.

Leão (2015), especialista em experiência do consumidor e testes *on-line*, fez uma pesquisa, em 2015, com 100 lojas que atuam no comércio via internet. E fazia compras de baixo valor com a intenção de conhecer como a loja trata o consumidor do momento em que ele acessa o *site*, passando por todas as telas e exigências, até finalizar a compra; e, após o recebimento da encomenda, ele devolvia os produtos para conhecer como era o tratamento no pós-venda. A seguir, destacamos os pontos principais identificados pela pesquisa[1]:

» Apenas 16% das lojas apresentavam *login* social – acesso por meio do perfil em redes sociais.
» Somente 14% disponibilizavam o *one-clik checkout* – compra em uma única página.
» Apenas 4% ofereciam *guest checkout* – compra sem cadastro.
» Muitos *sites* exigiam, para o cadastro, número de fax. Isso mesmo! Aparelho há anos considerado obsoleto. Havia também exigência de órgão emissor do RG para compor o cadastro.

---

[1] É possível encontrar um infográfico com esses dados no *link*: <http://blog.experiencianoecommerce.com.br/infografico-como-e-a-experiencia-do-consumidor-no-ecommerce-brasileiro/>. Acesso em: 20 ago. 2019.

» 55% dos *sites* pesquisados disponibilizavam *chat on-line* e destes 84% ofereceram atendimento rápido, um ponto de destaque positivo.

» Quanto à responsividade via *e-mail*, 30% dos *sites* avaliados não responderam às mensagens e 48% dos que responderam não resolveram o problema.

» No que se refere à logística, outro ponto positivo, 86% dos pedidos chegaram dentro do prazo de entrega. Alguns, inclusive, antes do estipulado.

» Quanto a mimos para o cliente, somente duas lojas mandaram caixas que se destacaram, segundo o pesquisador.

» 40% das lojas não ofereciam versão para *mobile*, ou seja, comprar via celular só era possível, e com agilidade e qualidade, em um percentual baixo de lojas. Se, por um lado, isso indica que a maioria das lojas já demonstra certa adaptação ao acesso por esses dispositivos, por outro, as lojas não adaptadas representam um percentual significativo.

» 42% das devoluções apresentaram algum tipo de dificuldade durante o processo.

» 5% dos produtos não foram devolvidos por dificuldade no processo.

O autor da pesquisa conclui que "Buscar soluções criativas e diferenciadas para surpreender e conquistar o cliente com o menor custo possível é o atual desafio do gestor do e-commerce" (Leão, 2015). Assim, se, de um lado, o acesso das pessoas à internet aumentou e elas passaram a comprar mais *on-line*, por outro, os responsáveis por comércios eletrônicos devem dar atenção aos pontos que podem fazer da experiência de compra *on-line* algo positivo e satisfatório, o que gerará maior fidelidade.

Essa tarefa não é fácil, mas é extremamente relevante, considerando que, com o avanço da internet, a concorrência cresce consideravelmente, podendo ser uma empresa instalada no prédio ao lado ou do outro lado do mundo.

Psicologia do consumidor

Quando o marketing passou a se debruçar sobre o estudo do comportamento do consumidor, nasceu sua relação com a psicologia. E, como toda relação, ela foi sendo construída ao longo do tempo, tendo início no século XX, mas com maior aproximação a partir da II Guerra Mundial.

Não se deixe enganar pela simplicidade do termo *comportamento do consumidor*, afinal, o estudo desse tema vai muito além do mero comportamento. Na verdade, o comportamento propriamente dito é apenas uma pequena parte observável de um mundo muito mais complexo, em que se investiga a relação entre os processos psicológicos do consumidor e a forma como ele consome.

Entre as principais linhas teóricas usadas para entender como os processos mentais se relacionam com o comportamento de consumo, podemos destacar as seguintes: teorias de aprendizado, teoria de atribuição, teorias de consistência cognitiva e processamento de informações de alto e baixo envolvimento (Sheth; Mittal; Newman, 2008).

As **teorias de aprendizagem** serão abordadas com mais detalhes adiante, mas, basicamente, tratam de como as pessoas aprendem novas atitudes e novos comportamentos com base em estímulos associados. Como discutiremos na seção de aprendizagem e memória, no Capítulo 5, isso pode ser feito por meio das abordagens behaviorista ou cognitiva. A primeira busca associar o comportamento desejado a um estímulo que possa incentivá-lo ou inibi-lo. A segunda procura promover o comportamento por meio de associações cognitivas que são feitas durante o processamento do estímulo pelo consumidor. Não se assuste, você vai entender que a ideia é bem simples quando explicarmos com mais detalhes.

A **teoria de atribuição** desvenda como as pessoas buscam explicar as situações com base na atribuição de causas para elas. Por exemplo, quando observamos um comportamento de consumo em nós mesmos, procuramos julgar se a causa desse comportamento foi interna ou externa, ou seja, se é atribuída a nós (por vontade própria) ou a um fator externo (como uma promoção de 50% de desconto). Por exemplo: se um consumidor decide comprar um produto de uma marca diferente da que está acostumado motivado por um desconto, é possível que sua atitude com relação a essa marca se torne mais positiva, mas apenas se o desconto for pequeno. Isso acontece porque, se o desconto for pequeno, o consumidor tende a entender que a escolha da marca foi por vontade própria. Já se o desconto for muito grande, é provável que a pessoa julgue que só escolheu a marca por estar mais barata, ou seja, a escolha passa a ser atribuída a um fator externo (Sheth; Mittal; Newman, 2008).

A teoria da consistência cognitiva, desenvolvida por Festinger (1962), afirma que as pessoas tendem a buscar coerência entre suas ideias, e, quando uma incoerência é encontrada, a pessoa busca rapidamente ressignificar alguma delas para alcançar a consistência. Por exemplo, após realizar uma compra, é comum que as pessoas se questionem se foi realmente a melhor escolha. De acordo com a proposta de Festinger, é provável que essa inconsistência torne a pessoa mais sensível a evidências que confirmem que foi uma boa escolha, diminuindo, assim, a tensão cognitiva.

Por último, o **modo de processamento da informação** distingue entre duas formas possíveis de o consumidor processar uma informação: a rota central e a rota periférica. Se a mensagem é processada pela rota central, significa que o consumidor vai raciocinar ativamente sobre ela, ou seja, vai elaborá-la. Porém, quando ela é processada pela rota periférica (e podemos adiantar que essa é a rota de processamento da maioria dos estímulos), ocorre de forma mais automática e instintiva, portanto a reação é mais baseada naquilo que já está programado previamente no consumidor. Essa linha também será detalhada mais à frente, no Capítulo 4.

Vale destacar também a contribuição da teoria psicanalítica para o estudo dos consumidores. Ela tem sido decisiva para desvendar a origem das necessidades e dos desejos do consumidor (Fontenelle, 2008), pois trouxe, como contribuição, o olhar sobre o inconsciente, as motivações que não estão à vista, mas encrustadas na mente do indivíduo/consumidor. Assim, compreender as motivações inconscientes, de onde vêm e como se relacionam com o ambiente, é fundamental para entender o comportamento do consumidor.

Percepção

Você já não passou por alguma situação em que se percebeu equivocado porque teve uma percepção errada sobre o cenário de decisão? No processo de decisão de compra, a percepção subjetiva do consumidor sobre as opções e também sobre sua experiência de consumo é decisiva tanto para a determinação de sua escolha quanto para sua avaliação pós-compra.

Uma pessoa que pretende comprar um novo computador pode dar mais atenção à avaliação dos usuários que já compraram determinado modelo do que às especificações técnicas do produto. Isso pode acontecer por vários motivos, mas vamos imaginar a seguinte possibilidade para esse viés de percepção: o consumidor interessado em comprar um computador novo pode não ter os conhecimentos necessários para avaliar os atributos técnicos da máquina, portanto usa a avaliação de outros consumidores para julgar a qualidade do produto. Nesse caso, é importante pontuar que os próprios clientes que avaliaram o produto podem não ser capazes de analisar os atributos técnicos. Entretanto, o consumidor pode até observar os atributos técnicos, mas será que o fato de ter visto uma boa avaliação não vai afetar sua percepção? Nesse sentido, ao concluir que o computador é bem avaliado, pode ver as especificações técnicas com uma propensão mais favorável, ao passo que, ao observar as especificações de um produto mal avaliado, pode ser mais criterioso, mais atento a detalhes que possam sinalizar baixa qualidade.

Como é construída essa lente perceptiva em cada indivíduo? Podemos dizer que ela "deriva de um somatório de variáveis próprias de cada indivíduo, como sua história passada, seu contexto físico e social, sua personalidade e sua estrutura fisiológica e psicológica" (Samara; Morsch, 2005, p. 123).

A *percepção* pode ser definida como "o processo pelo qual um indivíduo seleciona, organiza, e interpreta a informação que recebe do ambiente" (Sheth; Mittal; Newman, 2008, p. 286), e tem, basicamente, três estágios: (1) sensação, (2) organização e (3) interpretação, conforme ilustrado na Figura 3.1, a seguir.

Figura 3.1 – Estágios da percepção

Sensação → Organização → Interpretação

Fonte: Sheth; Mittal; Newman, 2008, p. 287.

A fase de **sensação** consiste na recepção do estímulo, ou seja, na ativação do(s) sentido(s) diante do contato com esse estímulo. Podemos citar, como exemplo, o cheiro de café que o consumidor sente ao passar em frente a uma cafeteria. Ao receber o estímulo, essa informação será **organizada**, ou seja, classificada de acordo com o que já está marcado na memória do consumidor. Existe uma constelação de associações que podem ser ativadas nessa fase. Ao sentir o cheiro, o consumidor classifica o aroma como sendo de café. Por estar passando em frente à cafeteria, presume que essa é a origem do aroma e pode comparar com o aroma que já sentiu em outras cafeterias. Dessa classificação e comparação com os registros de memória, surge a interpretação do estímulo. Nessa fase, o consumidor atribui significado a essa sensação, partindo para a fase de **interpretação**. Ao classificar o cheiro da cafeteria, o consumidor pode julgar, por exemplo, a qualidade do café.

Esse modelo do processo de percepção considera como são processados os estímulos. Porém, diante dos milhões de estímulos que os consumidores recebem todos os dias, como saber quais serão percebidos e processados? Afinal, a percepção de um mesmo estímulo não acontece de maneira uniforme para todos os consumidores, mas passa por um filtro. Podemos considerar três filtros: (1) a exposição seletiva, (2) a atenção seletiva e (3) a interpretação seletiva, um para cada uma das etapas do processo (Sheth; Mittal; Newman, 2008).

Se a primeira fase do processo de percepção é a sensação do estímulo, podemos considerar que a percepção do consumidor está limitada aos estímulos aos quais é exposto, portanto à **exposição seletiva**. Um consumidor que, intencionalmente, não assiste a determinado canal de televisão, naturalmente, está fora do alcance das tentativas de persuasão veiculadas por esse canal. Uma pessoa que passeia por um *shopping*, mas não chega a acessar uma das áreas, não seria exposta aos cartazes de promoção de uma loja que estivesse nessa área.

Você deve estar pensando que os efeitos desse filtro são até mesmo óbvios, de certa forma, mas qual o papel do profissional de marketing nesse cenário? A primeira implicação é que se torna essencial identificar os canais em que há maior probabilidade de se alcançar o público-alvo. Se o profissional identificar, por exemplo, que boa parte de seu público tem determinada orientação política, pode considerar usar veículos de imprensa mais alinhados com essa orientação política como canal de promoção.

Considerando outro curso de ação, uma loja de *shopping* que esteja em uma área com pouco tráfego de pessoas pode pensar, com a administração do *shopping*, em atrações para essa área; uma possibilidade seria levar a esse local lojas com maior potencial para atrair público.

Na segunda fase do processo de percepção, os estímulos enfrentam o filtro da **atenção seletiva**. Isso significa que nem todos os estímulos que passaram pela fase de sensação – ou seja, foram captados e sentidos pelo consumidor – serão percebidos e processados. Por exemplo, imagine uma pessoa que esteja escutando um canal de notícias no rádio enquanto dirige. Diante dos vários pontos que exigem sua atenção ao trânsito, essa pessoa pode passar despercebida por alguns fragmentos de notícias ou propagandas, ou seja, mesmo que tenha ouvido o estímulo, não prestou atenção a ele e, portanto, não o processou. Nesse ponto, o profissional de marketing precisa desenvolver estímulos que atraiam a atenção do consumidor, mas com responsabilidade, é claro, afinal, não seria interessante tirar a atenção do motorista do trânsito para que ele preste atenção à sua propaganda.

Vamos considerar novamente o exemplo da cafeteria, o aroma do café exalado na frente da loja pode ser suficiente para atrair a atenção de pedestres e, até mesmo, motoristas, que, do contrário, passariam despercebidos pelo estabelecimento. O tamanho e o conteúdo da mensagem podem ser também elementos críticos. Uma mensagem muito extensa em um *outdoor* dificilmente vai atrair a atenção das pessoas, já que, em geral, é um veículo de comunicação direcionado a passantes, pouco interessados em parar seu trajeto para tentar absorver a mensagem. De forma semelhante, um consumidor adulto fã de futebol pode dar muito mais atenção a uma propaganda de salgadinhos que aconteça no contexto desse esporte, já que tal conteúdo tem um poder maior de atrair sua atenção do que uma propaganda que represente adolescentes no contexto escolar.

Se o profissional for capaz de atingir o consumidor com seu estímulo e conquistar sua atenção para esse estímulo, enfrentará ainda o filtro da **interpretação seletiva**. Esse é um dos maiores desafios, pois o significado que cada consumidor atribui ao estímulo depende fortemente de seu contexto sócio-histórico e de diversas variáveis internas, assim, não há garantia de que uma mesma mensagem seja interpretada igualmente por duas pessoas diferentes.

Por exemplo, pesquisadores demonstraram que uma mesma notícia foi considerada de modo diferente por pessoas com posições políticas antagônicas (Vallone; Ross; Lepper, 1985). Os participantes da pesquisa foram convidados a assistir a um vídeo com a cobertura da imprensa sobre a situação de um conflito no Oriente Médio. Os que tendiam a ser simpáticos a Israel consideraram a cobertura tendenciosa em favor dos palestinos, ao passo que os pró-Palestina entenderam a notícia como tendenciosa em favor dos israelenses. Havia ainda um terceiro grupo formado por pessoas que se consideravam isentas de opinião sobre o assunto, estas consideraram a cobertura também isenta e imparcial. Ressaltamos, aqui, que os três grupos assistiram ao mesmo vídeo, ou seja, será que o viés estava na notícia ou na percepção de quem a assistiu? Não pretendemos, aqui, dizer que a imprensa não pode ser tendenciosa, porque sabemos que existem mecanismos que esses veículos podem usar para manipular a percepção de seus públicos, o que queremos ressaltar é que existe também uma predisposição no indivíduo para procurar, em uma mensagem, pontos que corroborem suas crenças já existentes. Esse mecanismo é denominado *viés de confirmação*.

> **Viés de confirmação**: tendência que o indivíduo apresenta a prestar mais atenção aos pontos de uma mensagem que corroboram suas crenças.

Outro exemplo de viés de interpretação pode ser observado no contexto brasileiro de tensões raciais. Recentemente, a marca Dove foi alvo de críticas em razão de um comercial em que uma modelo negra tirava a blusa dando lugar a uma modelo branca. A ação causou polêmica por ser considerada racista por algumas pessoas, já que foi interpretada como uma situação em que a mulher negra "se transforma" na mulher branca.

Pouco tempo depois, a marca reconheceu o deslize e pediu desculpas, além de tirar a propaganda do ar, alegando que pretendia apenas dar representatividade às mulheres negras, mas que entendia e se arrependia da potencial ofensa. A marca manifestou também que não pretendia ilustrar uma mulher negra "se transformando" em uma mulher branca, mas sim representar que seu produto era apropriado para todas as colorações de pele.

Uma lição importante que podemos observar nesse caso é que, se o público atribui outro significado à mensagem, não importa qual era a intenção da marca ao transmiti-la. Basta uma pessoa com poder de influência para dar início a um debate que enviese a interpretação de grande número de consumidores. Por isso, é preciso empenho para tentar prever o maior número possível de interpretações adversas que uma mensagem possa causar.

Outro cuidado necessário aos profissionais de marketing é identificar as crenças subjacentes dos consumidores. Em alguns casos, os consumidores classificam alguns atributos do produto como antagônicos, ou seja, se um está presente, outro estará ausente. Por exemplo, alguns estudos demonstram que, em geral, os consumidores percebem os produtos *verdes*, ou seja, ecoamigáveis, como menos eficientes do que suas versões menos sustentáveis, exceto, é claro, se o principal atributo do produto for economizar recursos. Um desses estudos demonstrou que, se a empresa afirma que fez o produto intencionalmente para ser ecoamigável, os consumidores inferem que ele é de menor qualidade, pois acreditam que a empresa desviou esforços que poderiam ser usados para aprimorar a qualidade, tendo os direcionado a torná-lo ecoamigável (Newman; Gorlin; Dhar, 2014). No entanto, esse efeito desaparece se a empresa afirmar que esse aumento da sustentabilidade do produto foi acidental, ou seja, a empresa pretendia aprimorar a qualidade do produto, e o resultado, por acaso, foi um produto mais sustentável.

Para Samara e Morsch (2005, p. 125), o propósito de conhecer o processo de percepção é possibilitar aos profissionais a criação de ações mais eficazes, como "peças publicitárias capazes de atrair a atenção e melhor estimular o processo perceptivo do consumidor, gerando a sensação, a organização e a interpretação desejada". A partir disso, o objetivo é que seus produtos ou serviços sejam os escolhidos. Cuidar dos estímulos que serão expostos e ter claro o que se pretende alcançar é fundamental para obter as melhores respostas do consumidor.

Processo de decisão de compra

Imagine que Sofia, a gerente responsável por um projeto de consultoria, está trabalhando com sua equipe para entregar um relatório a seu cliente até o final do dia. Em meio à multidão de tarefas a serem realizadas, a gerente confere seu relógio e percebe que já deveria ter ido almoçar. Somente então ela percebe que está realmente faminta. Ciente da limitação de tempo para cumprir o prazo de entrega do relatório, ela decide que precisa fazer uma refeição rápida, em um lugar que fique próximo ao seu escritório. Ela pega seu *smartphone*, que está sobre a mesa, e abre um aplicativo de mapas que lhe mostra os restaurantes próximos.

Logo que abre o aplicativo, nota que já há uma sugestão de pesquisa por lugares para almoçar, portanto ela escolhe essa opção. Ela olha rapidamente os primeiros resultados de sua busca e um restaurante em particular chama-lhe a atenção, pois tem uma avaliação excelente e diversos comentários de clientes elogiando o atendimento extremamente ágil. Então, ela pega sua bolsa, seu casaco, guarda seu celular e vai em direção ao restaurante, que fica a duas quadras de seu escritório.

Chegando ao restaurante, Sofia dá uma rápida olhada no menu e opta pelo prato do dia, pois este costuma ser preparado mais rápido. Em pouquíssimo tempo, ela recebe o pedido, almoça, faz o pagamento e volta ao escritório.

O trecho que você acabou de ler ilustra uma situação de consumo. Mas você deve ter reparado que não se trata apenas do consumo em si, mas também de como a consumidora chegou até aquela situação. Afinal, a decisão de compra é um processo que tem várias fases. Conhecer essas fases é essencial ao gestor de marketing, pois, em cada uma delas, é possível intervir para aumentar as chances de persuadir seu consumidor. Para isso, entretanto, é preciso conhecer a ação correta para cada fase.

Pare um pouco e tente lembrar qual foi o último item de alto valor que você comprou. Seu celular, talvez, ou uma roupa de festa. Você consegue identificar a sequência de ações e decisões que tomou até fazer a compra de fato? Existem várias concepções de quais e quantas são as fases do processo de decisão de compra. Solomon (2008), por exemplo, divide-as em:

» reconhecimento do problema;
» busca de informações;
» avaliação das alternativas;
» resultado.

Kotler e Keller (2006) consideram também uma fase desse processo o comportamento pós-compra, que abrangeria a relação com o produto e a marca após a compra e, talvez, até após o consumo. A possibilidade de divulgar a marca pela propaganda boca a boca seria um exemplo de comportamento pós-compra.

Alguns autores acrescentam ainda uma fase de descarte (Engel; Blackwell; Miniard, 2000), que, muitas vezes, é um fator considerado pelos consumidores. Quando você compra uma geladeira, por exemplo, você leva em consideração o destino dela quando não a quiser mais?

Vamos, agora, discutir cada uma dessas fases. Enquanto lê cada uma delas, procure associá-la à compra que você relembrou há pouco.

Reconhecimento do problema

Retome o caso que lemos no início da seção. No momento em que Sofia percebeu que era tarde e ainda não havia almoçado, ela identificou uma necessidade. Para extrapolarmos o caso de Sofia, vamos generalizar da seguinte forma: o consumidor reconhece um problema a partir do momento em que percebe que o estado em que se encontra é diferente daquele em que gostaria de estar (Solomon, 2008).

Certo, mas qual é o papel da administração de marketing nessa fase do processo de decisão de compra? Primeiramente, é necessário identificar se a demanda que o produto (ou serviço) busca suprir é primária ou secundária (Solomon, 2008).

Em alguns casos, a preocupação da marca está mais em fazer com que o consumidor perceba a necessidade, ou seja, mostrar-lhe como seu produto atende a uma demanda real ou como pode melhorar a forma de atendê-lo. Nesse caso, temos uma **demanda primária**. Sabe quando você descobre um produto novo, que até facilitaria sua vida de alguma forma, mas você não tem certeza se realmente precisa dele? É disso que estamos falando.

Quando o produto ou o serviço já está disseminado no mercado e os consumidores percebem imediatamente a necessidade que ele se propõe a suprir, as empresas passam a focar em convencer os consumidores de que devem escolher sua marca em vez das concorrentes, ou seja, elas buscam criar uma demanda não mais por esse produto ou serviço, mas sim pela marca que o oferece. Nesse caso, temos uma **demanda secundária**.

Quando surgiram os primeiros *smartphones*, por exemplo, a prioridade das fabricantes era despertar o desejo do consumidor por um aparelho desse tipo. Logo, era preciso mostrar que um *smartphone* abre para o usuário novas possibilidades que um celular comum não permitiria. Havia mais preocupação em convencer os consumidores de que precisavam de um *smartphone* (em vez de um celular comum) do que em mostrar os diferenciais de uma marca em relação às outras.

Contudo, a demanda primária não está restrita a ofertas inovadoras. Alguns tipos de produto ou serviço podem lidar com isso por muito tempo. Escritórios de consultoria, por exemplo, têm dificuldade de convencer potenciais clientes de que, para otimizar seu desempenho, precisam de um auxílio externo. De forma semelhante, empresas que oferecem serviços e planos funerários podem ter dificuldades de convencer seu público de que é necessário se planejar e se prevenir em caso de situações de falecimento na família. Esse é um assunto no qual não gostamos de pensar, não é mesmo?

Voltando aos *smartphones*, à medida que foram aceitos pelo mercado e tiveram seu uso crescentemente disseminado, tornou-se menos necessário convencer os consumidores de que precisam desse aparelho. É claro que muitos ainda optam por não o utilizar, mas, em geral, o produto já é muito bem aceito. Com o aumento da quantidade de modelos e de fabricantes, a demanda se tornou secundária, e as empresas passaram a tentar convencer os consumidores de que eles não precisam simplesmente de um *smartphone*, mas sim da marca delas em específico, destacando seus diferenciais. Se o cliente já sabe o que o produto faz, ele precisa apenas saber o que o seu tem que o do concorrente não tem.

Busca de informações

Após identificar uma necessidade ou oportunidade, as pessoas, normalmente, procuram informações sobre opções de consumo que possam supri-la. Se chegar a essa fase, existem várias fontes que o consumidor pode consultar para conhecer melhor os produtos ou os serviços disponíveis. Conhecendo como isso acontece, podemos facilitar a chegada de uma marca até o consumidor, aumentando as chances de que ele se torne um cliente.

A pesquisa por informações para consumo ocorre, basicamente, de duas formas: (1) pesquisa pré-compra e (2) pesquisa contínua (Solomon, 2008). A **pesquisa pré-compra** acontece quando o consumidor busca ativamente as informações após identificar a necessidade ou o desejo. Podemos tomar como exemplo o caso apresentado no início desta seção. Você deve lembrar-se de que Sofia abriu um aplicativo e começou a procurar opções de restaurante próximos, ou seja, ela buscou informações com a intenção de realizar uma compra. No entanto, é muito comum que as pessoas busquem informações apenas pelo prazer de conhecer os produtos à disposição, o que acontece, principalmente, entre consumidores acostumados a comprar com frequência um tipo de produto. Nesse caso, acontece a **pesquisa contínua**.

Você, com certeza, já passou por alguma situação em que caminhava por um *shopping* e parou em frente a uma vitrine para olhar uma roupa ou um objeto de decoração porque lhe chamou a atenção, mesmo que não tivesse intenção de comprá-lo. Esse tipo de pesquisa, a contínua, pode acontecer antes mesmo do reconhecimento da necessidade ou do desejo.

Como você já deve estar imaginando, o consumidor que faz uma pesquisa contínua precisa de muito mais estímulos para efetivar a compra, afinal, quem faz a pesquisa pré-compra já está decidido a fazer uma compra.

Empresas de *e-commerce* são muito sujeitas a esse tipo de pesquisa. Muitas pessoas navegam por essas lojas sem uma intenção clara de comprar, apenas para verificar o que tais lojas oferecem e se algo lhes interessa.

A estratégia de marketing de uma empresa deve considerar essas duas modalidades de pesquisa para munir o consumidor de informações úteis e adequadas ao tipo de pesquisa que esteja fazendo. Por exemplo, se um consumidor faz uma pesquisa pré--compra comparando diversos produtos e marcas, é necessário conhecer quais são as fontes usadas para essas informações. A popularização de *sites* de busca tornou-os uma das principais ferramentas usadas pelos consumidores para coletar informações antes de efetuar uma compra. Se for esse o caso, vale a pena a empresa adotar táticas de otimização do posicionamento de sua marca nos resultados encontrados por esses mecanismos. Essa prática é conhecida pela expressão em inglês *search engine optimization* (SEO), que pode ser livremente traduzida como *otimização de mecanismos de busca*.

Nessa fase, também é interessante munir o consumidor de informações relevantes sobre as vantagens e os diferenciais da marca, além de características técnicas, principalmente de desempenho. Em situações de busca contínua, o consumidor não tem uma intenção clara de comprar algo e sequer percebe uma necessidade ou um desejo que possa ser atendido. Portanto, é preciso dar prioridade a gatilhos que o convidem a tomar uma ação, isto é, convidem-no explicitamente a realizar uma ação, como clicar para saber mais, compartilhar a oferta com seus amigos, entre outras. Nessa fase, também é fundamental que a operacionalização da compra seja facilitada, pois, se o consumidor enfrentar muitas barreiras para fechar a compra depois de tomar a decisão, pode facilmente desistir dela, já que há tempo de ele repensar sua escolha.

É preciso também reconhecer que nem sempre buscamos informações em fontes externas. Em alguns casos, o consumidor conhece tão bem as opções que faz apenas uma breve consulta à sua memória. Por isso, é importante recorrer a técnicas que mantenham a marca sempre relevante na memória do consumidor, transmitindo informações mesmo quando não são buscadas. Esse ponto será discutido mais detalhadamente no Capítulo 5.

Avaliação das alternativas

Conforme o consumidor avança em sua coleta de informação, levanta algumas alternativas possíveis de consumo. Quando o consumidor se engaja em comparar as opções e suas vantagens e desvantagens, passamos à fase de avaliação das alternativas.

No entanto, a separação entre a coleta de informações e a de avaliação das alternativas é meramente pedagógica, pois, na prática, essas duas fases se sobrepõem.

Imagine, por exemplo, que uma pessoa deseja comprar um computador novo. Ela pode, inicialmente, buscar informações sobre qual modelo é mais adequado para suas necessidades e levantar alguns modelos que lhe interessam. No entanto, quando passa a comparar mais detalhadamente essas alternativas, ela percebe que há várias opções de processador, uma característica que não havia levado em consideração até então. Como esse item pode influenciar o resultado de sua escolha? Como escolher o processador mais adequado para as tarefas que pretende realizar nesse computador? Bem, nesse caso, surgiu uma nova necessidade de buscar informações, portanto as duas fases do processo estão bastante interligadas.

Um dos fatores mais cruciais para a elaboração da estratégia de marketing de uma empresa é conhecer e entender os critérios que os potenciais clientes usam para avaliar as alternativas de consumo. No caso do consumidor que procura um novo computador, é essencial que as fabricantes entendam quais as características que o público-alvo de determinado modelo busca. Afinal, o conhecimento desses critérios é o que deve direcionar que tipo de informações serão transmitidas aos consumidores, a fim de aumentar as chances de que ele escolha o produto da empresa, e não o das concorrentes.

Para alguns consumidores, o importante é que o computador seja compacto, portanto, para eles, é essencial comunicar que o computador é leve e fácil de transportar. Outras não se preocupam tanto com o tamanho, mas querem ter certeza de que o computador tem alta *performance* ao rodar jogos. Nesse caso, seria mais relevante comunicar atributos como capacidade da placa de vídeo, potência do processador e, talvez, até acessórios específicos para o uso em jogos.

Se estiver curioso, pare um pouco e pesquise "acessórios para gamers". Se você não estiver familiarizado com esse mercado, talvez fique um pouco chocado com o quanto mais caro pode ser um *mouse* específico para *gamers* do que um *mouse* comum.

Armadilhas do processo de decisão

Quando estudamos o processo de decisão de compra, é comum pensar na avaliação e na escolha das alternativas como uma ponderação racional do benefício trazido pelo produto *versus* o custo desse benefício para o consumidor. Mas será que o processo de decisão de compra é um processo, assim, tão racional?

Se considerarmos que as pessoas tomam sua decisão de forma totalmente racional, isso significa que, antes de fazer uma compra, elas coletam o maior número de informações possíveis e as comparam de modo completamente objetivo.

Hoje, sabemos que não é bem isso que acontece. Muitas vezes, a escolha tem mais relação com a forma como as informações são apresentadas e com a estrutura das alternativas do que com uma análise racional das características de cada alternativa de consumo.

A questão é que nossa mente cria vários vieses que nos levam a tomar decisões que, nem sempre, são as melhores do ponto de vista racional. Ao perceber esses vieses, gestores podem usar *insights* da ciência comportamental para entender como isso afeta o desempenho de marketing da organização. Vamos a um exemplo: imagine que você está se hospedando em um hotel e a recepcionista lhe entrega um panfleto convidando-o a aderir a um programa de uso consciente da água. Para colaborar, você precisa apenas usar mais de uma vez as toalhas que o hotel fornece, em vez de colocá-las para lavar a cada uso. Você concordaria em colaborar?

Cientistas comportamentais descobriram que o simples fato de informar ao cliente que a maioria dos hóspedes do hotel aderem ao programa contribuiu para um aumento de quase 10% no engajamento dos consumidores ao programa (Goldstein; Cialdini; Griskevicius, 2008).

Os clientes que receberam essa mensagem perceberam que participar do programa é um tipo de comportamento esperado de pessoas que se identificam como clientes do hotel e, assim, adaptaram-se a essa norma. Essas pessoas não foram movidas por uma avaliação racional do programa, pois, se fosse assim, aqueles que receberam o convite sem saber da adesão dos demais hóspedes deveriam ter um nível parecido de adesão. O que motivou os clientes que receberam a informação de adesão dos demais clientes a participar foi um mecanismo psicológico mais primitivo, um viés presente na nossa mente que nos leva a fazer o possível para agir como nossos pares.

Resultado

Após levantar um conjunto suficiente de alternativas, o consumidor compara-as e toma sua decisão de consumo. Como discutimos no tópico anterior, nem sempre essa decisão considera apenas aspectos racionais, pois existem outros fatores que também a influenciam.

Nessa fase, o consumidor reflete sobre sua compra e compara o resultado do consumo com sua expectativa. O resultado desse processo é a satisfação ou a insatisfação. Essa decisão reflete quanto a alternativa escolhida atende às expectativas do consumidor; se a expectativa for superada, o sentimento é de satisfação, e, se não for atendida, obviamente, é de insatisfação (Engel; Blackwell; Miniard, 2000). Entretanto, tenha cuidado! Não estamos falando de um conceito binário. Existem níveis de intensidade para esse sentimento.

Uma das formas mais comuns de decisão de compra é o hábito. Em situações em que o consumidor precisa recorrentemente atender a uma necessidade de consumo, ele tende a fazer uma avaliação mais cuidadosa nas compras iniciais, mas, conforme repete esse processo, ele economiza seu esforço cognitivo optando por alternativas que já conhece e lhe são satisfatórias.

Para saber mais

O comportamento do consumidor é um tema bastante abordado e passou a ser estudado por diversas áreas da ciência em razão da necessidade de conhecer quais fatores podem influenciar na decisão de compras do consumidor. Se você deseja se aprofundar no tema, indicamos o artigo *O comportamento do consumidor do e-commerce: fatores que influenciam o processo decisório de compra*. Os autores buscaram compreender, entre os alunos de uma faculdade brasileira, quais os principais fatores que influenciam a decisão de compra pela internet.

SILVA, B. A. da; AZEVEDO, S. B. O comportamento do consumidor do e-commerce: fatores que influenciam o processo decisório de compra. In: CONGRESSO NACIONAL DE EXCELÊNCIA EM GESTÃO, 11., 2015, Rio de Janeiro. **Anais...** Disponível em: <http://www.inovarse.org/sites/default/files/T_15_205.pdf>. Acesso em: 14 ago. 2019.

Síntese

A orientação de que, para ter sucesso, as organizações precisam garantir clientes satisfeitos é quase um mantra nas discussões sobre negócios. Toda interação do consumidor com uma empresa é carregada de expectativas que são formadas acerca de uma oferta de valor. A capacidade da empresa em atender ou, de preferência, superar essas expectativas é o que determina a satisfação do consumidor. Para isso, não basta que o produto atenda às funcionalidades que promete, é preciso ter atenção também à experiência de consumo, de modo que o consumidor passe a procurar não apenas a funcionalidade do produto, mas também a experiência em todo o processo.

Neste capítulo, apresentamos algumas abordagens teóricas para explicar como os consumidores avaliam e tomam suas decisões. A mente humana é extremamente complexa e, dependendo do tipo de resposta que queremos encontrar, precisamos de uma lente teórica específica. Entre as principais teorias que tratam desses fenômenos estão: teoria de aprendizado, teoria de atribuição, teoria de consistência cognitiva e processamento de informações de alto e baixo envolvimento.

Analisamos também os filtros que precisam ser superados para que a mensagem da marca alcance o consumidor da forma prevista. Nem tudo que produzimos chega aos sentidos do consumidor, portanto, os canais de promoção devem levar em consideração qual a maior probabilidade de que ele seja, ao menos, exposto a ela. Daquilo que é, de fato, percebido, nem tudo prende sua atenção, portanto, é preciso entender os mecanismos que aumentam as chances de que a informação seja, ao menos, processada. Por sua vez, a atenção, mesmo sendo despertada, nem sempre gera a interpretação pretendida, por isso, é preciso um grande esforço para entender os significados presentes na mente do consumidor, que são usados para direcionar sua interpretação da mensagem, ou seja, é preciso colocar-se no lugar do consumidor para entender seu contexto social e cultural.

Por fim, destacamos as fases do processo de compra. O consumidor reconhece uma necessidade, passa a buscar alternativas para satisfazê-la, analisa essas alternativas, toma uma decisão e, finalmente, avalia o resultado de sua escolha, o que nos leva, novamente, ao conceito de satisfação. O importante, nesse caso, é saber como a atuação da marca pode sensibilizar o consumidor em cada uma dessas fases.

Questões para revisão

1. Avalie as afirmativas a seguir e a relação entre elas.
   I. Ao elaborar a estratégia de marketing para um produto de demanda primária, é preciso dar ênfase às vantagens que a marca tem em relação às demais opções do mercado.
   PORQUE
   II. A demanda primária é aquela em que o produto atende a uma necessidade ainda pouco conhecida pelo público-alvo ou, se conhecida, há pouca familiaridade em relação aos benefícios do produto.
   Agora, assinale a alternativa correta:
   a. As afirmativas I e II são proposições verdadeiras, e a II é uma justificativa correta da I.
   b. As afirmativas I e II são proposições verdadeiras, mas a II não é uma justificativa correta da I.
   c. A afirmativa I é uma proposição verdadeira, e a II é uma proposição falsa.
   d. A afirmativa I é uma proposição falsa, e a II é uma proposição verdadeira.
   e. As afirmativas I e II são proposições falsas.

2. A mensagem de uma marca, normalmente, enfrenta algumas barreiras entre sua promoção e o processamento por parte do consumidor. Considerando as fases do processo de percepção, avalie as afirmativas a seguir.

I. A interpretação seletiva significa que os estímulos aos quais o consumidor é, de fato, exposto podem não ser notados de maneira ativa.

II. A exposição seletiva significa que os estímulos promovidos pela marca podem não chegar ao campo sensorial do consumidor.

III. A interpretação seletiva significa que os estímulos serão processados de acordo com as tendências particulares do consumidor, ou seja, em meio à sua construção social e cultural.

IV. A atenção seletiva significa que os estímulos promovidos pela marca podem não chegar ao campo sensorial do consumidor.

Agora, assinale a alternativa que apresenta somente os itens corretos:

a. II.
b. III.
c. II e III.
d. I, II e IV.
e. I, III e IV.

3. A experiência de consumo é um fator que ganha bastante visibilidade com o aumento da concorrência de um setor. À medida que as características funcionais vão se tornando similares entre os concorrentes, essa experiência pode ser um diferencial. Nesse contexto, avalie as afirmativas a seguir.

I. A experiência de consumo é um fator relevante no comércio de serviços, mas não é aplicável ao varejo de bens tangíveis.

II. No ambiente *on-line*, a experiência do usuário é determinada em toda a interação do consumidor com a página.

III. As características do meio em que ocorre o consumo são determinantes para a impressão sobre a experiência.

IV. A avaliação sobre a experiência de consumo considera os aspectos racionais, ignorando as respostas afetivas.

Agora, assinale a alternativa que apresenta somente os itens corretos:

a. I.
b. I e III.
c. II e III.
d. II e IV.
e. I, II e IV.

4. Em cada fase do processo de decisão de compra, o consumidor estará mais sensível a determinada abordagem, mais apropriada no momento. Escolha duas das fases estudadas e explique como essas fases podem ser consideradas na elaboração do plano de marketing.

5. A satisfação do consumidor depende, essencialmente, de sua percepção subjetiva. Explique como a avaliação subjetiva do consumidor constrói o sentimento de satisfação. Em sua resposta, aborde o papel da gestão de marketing nesse contexto para garantir um alto grau de satisfação entre os clientes.

Questão para reflexão

1. Conquistar um espaço na mente do consumidor é um desafio para qualquer marca, mas, para algumas categorias de produtos ou serviços, as barreiras de percepção são um processo extremamente custoso. Considerando o desenvolvimento das tecnologias digitais, principalmente daquelas voltadas à formação de comunidades virtuais, de que forma você poderia aproveitar tais tecnologias para promover um produto para um público de difícil alcance por meio de mídias tradicionais?

UNINTER

capítulo 4
influenciando a escolha

Conteúdos do capítulo:

» Definição dos papéis no processo de decisão de compra.
» Diferenças no processo de decisão de compra para os diferentes tipos de compra.
» Abordagem científica sobre o comportamento do consumidor.
» Elementos que atuam na mente do consumidor durante o processo de decisão de compra.
» Estímulos aos cinco sentidos e sua influência no processo de decisão de compra.

Após o estudo deste capítulo, você será capaz de:

1. identificar as particularidades de atuação de cada papel que o consumidor pode assumir no processo de decisão de compra;
2. compreender os diferentes tipos de decisão de compra e como suas características influenciam o processamento de escolha;
3. analisar os diversos fatores que levam as pessoas a consumir;
4. aplicar os mecanismos aos quais profissionais de marketing podem recorrer para influenciar de maneira mais ativa a decisão de compra;
5. reconhecer o papel da percepção sensorial dos consumidores no processo de decisão de compra.

Quem é, afinal de contas, o consumidor? A quem a empresa deve direcionar seus esforços de persuasão? Conhecer os atores que fazem parte do processo de compra é uma tarefa essencial aos gestores de marketing, pois é por meio desse conhecimento que os profissionais serão capazes de pensar as estratégias de marketing da organização. Neste capítulo, vamos desenvolver esse olhar analítico sobre essa dimensão do consumo.

Papéis no processo de decisão de compra

Você já pensou em quantas pessoas podem estar envolvidas em uma compra? Tente lembrar-se da última vez que decidiu comprar um presente para alguém. Nesse caso, você provavelmente foi quem escolheu o produto e, até mesmo, pagou por ele, mas o usuário foi a pessoa que o recebeu.

Embora você não fosse o beneficiário final do produto, exerceu um papel crucial na transação, por isso também pode ser considerado um consumidor. Quais são as implicações desse processo na gestão de marketing das lojas que você visitou até finalmente escolher o presente?

De acordo com Sheth, Mittal e Newman (2008), uma pessoa pode assumir, basicamente, três papéis como consumidora, a saber:

1. usuário;
2. pagante;
3. comprador.

Imagine que Laura é uma professora de programação e deseja dar uma cafeteira de presente a seus pais, pois a deles está estragada há algum tempo. No entanto, é período de correção de provas na universidade em que Laura trabalha e, por isso, ela não está conseguindo tempo para escolher e comprar a cafeteira. Então, ela pede a seu irmão que compre a cafeteira, afinal, ele tem mais de tempo disponível e ainda mora com seus pais.

O rapaz liga seu computador, acessa algumas lojas eletrônicas que vendem eletrodomésticos, assiste a alguns vídeos de dicas sobre as principais cafeteiras do mercado e, finalmente, escolhe um modelo. Ao avisar Laura de sua escolha, ela passa-lhe seu cartão de crédito para que possa finalizar a compra.

Perceba a complexidade da situação para um gestor que deseje influenciar o comportamento de compra, promovendo sua marca. A quem é preciso convencer de que determinada cafeteira é mais adequada que as demais? Aos pais de Laura, que são as pessoas que vão usar as funcionalidades da cafeteira? Ao irmão de Laura, que é a pessoa responsável por coletar e comparar as informações, julgando qual atenderia melhor às necessidades de seus pais? Ou à Laura, que, no final das contas, é quem vai arcar com o preço do produto?

Antes de continuarmos essa discussão, vamos a uma definição clara desses papéis. Segundo Sheth, Mittal e Newman (2008), o **usuário** é a pessoa que, de fato, consome o produto ou o serviço, ou seja, é quem desfruta dos benefícios que dão valor ao produto. O **pagante**, como o nome sugere, é quem paga o preço do produto, portanto é responsável pela dimensão monetária da transação. Já o **comprador** é o responsável por coletar as informações e fazer a escolha do produto, portanto, é quem efetua a compra de fato.

Muito bem, vamos retomar o caso de Laura para ilustrar algumas sugestões de como lidar com esse tipo de situação embasadas em Sheth, Mittal e Newman (2008). Você deve ter percebido que os pais de Laura serão os usuários, no entanto, não serão nem compradores, nem pagantes. Mas será que isso quer dizer que eles não influenciam o processo decisório?

Laura e seu irmão, certamente, desejam que o presente agrade a seus pais, mais do que isso, eles querem que o produto seja útil e adequado às necessidades deles. Os gostos e as preferências expressos pelos pais de Laura, com certeza, vão influenciar a escolha de qual cafeteira comprar. Se os usuários costumam receber toda a família aos finais de semana e gostam de servir um cafezinho depois do almoço, o irmão de Laura precisará escolher uma cafeteira que tenha a capacidade de passar uma quantidade maior de café a cada uso, o que seria diferente caso estivesse escolhendo para uma pessoa que mora sozinha e não costuma receber visitas.

Entretanto, o irmão de Laura é comprador, mas não é nem usuário, nem pagante. Nesse caso, o processo de escolha pode até envolver um grande sentimento de insegurança. Imagine-se no lugar do irmão de Laura: por um lado, o resultado da compra (satisfação ou insatisfação) depende da capacidade dele de prever que atributos do produto são mais importantes para os pais; por outro, ele tem a responsabilidade de tomar uma decisão responsável, pois está lidando com o dinheiro de outra pessoa.

Finalmente, Laura é pagante, mas não é nem compradora, nem usuária. Obviamente, ela exerce papel fundamental no processo de decisão, já que, em última análise, é quem aprova a transação. Laura pode pedir a seu irmão que investigue mais algumas opções se achar que o preço das cafeteiras está muito acima do imaginado ou, até mesmo, desistir da compra e pensar em outro presente.

É muito importante saber o papel que seu potencial cliente exerce nesse processo decisório, pois isso implica, diretamente, as estratégias que deverão ser adotadas. Obviamente, na prática, isso não é tão simples. Por exemplo, como o *e-commerce* acessado pelo irmão de Laura poderia saber que ele estava procurando cafeteiras para seus pais, não para ele mesmo? Com as tecnologias que temos hoje, já é possível ter algum nível de personalização de ofertas, mas não é tão fácil identificar a variação dos papéis assumidos pelo consumidor.

Cabe ao gestor pensar e desenvolver ferramentas para conhecer essas motivações no momento da compra. Em uma loja física, por exemplo, o vendedor pode facilmente perguntar se o produto é para presente. Pensando assim, a mesma lógica pode ser aplicada para o comércio eletrônico, promovendo uma interação mais ativa com o consumidor. Com o desenvolvimento de *chatbots*, por exemplo, podemos coletar algumas informações durante a experiência de compras que ajudam a direcionar as ofertas. Falaremos novamente sobre essa tecnologia no Capítulo 6.

Chatbots são janelas de conversa automatizadas para interagir com o consumidor. Nessa ferramenta, um programa oferece respostas de acordo com as informações fornecidas pelo consumidor. Embora essa tecnologia já tenha avançado bastante, ainda há muito o que melhorar.

Em alguns casos, é mais fácil reconhecer a separação de papéis. No mercado educacional, por exemplo, é evidente que a criança que consome o serviço educacional não exerce o papel de pagante e, na maioria dos casos, nem de compradora, já que a escolha da escola, comumente, fica a cargo dos responsáveis.

No mercado farmacêutico, essa distinção de papéis também é mais evidente. Como o consumidor, normalmente, não tem conhecimento do medicamento que precisa comprar, depende de profissionais de saúde para lhe indicar. Obviamente, as pessoas conhecem alguns remédios mais simples e aventuram-se a comprá-los sem indicação médica, mas essa prática é fortemente desencorajada. Nesse caso, note que, embora tenhamos clareza sobre a interferência do profissional de saúde no processo decisório, o consumidor também exerce o papel de comprador em algum nível, mas de maneira limitada. Ao apresentar a receita, o paciente pode pedir que o farmacêutico lhe indique algum medicamento equivalente, com o mesmo princípio ativo, ou até mesmo um medicamento genérico.

Em alguns casos, o produto pode ser caro, mas subsidiado. Pense no programa de financiamento estudantil do governo brasileiro para o ensino superior. Considerando que muitas pessoas não têm acesso ao ensino superior em razão do preço (ou da concorrência, no caso das universidades públicas), esse programa modifica o cenário propondo uma condição mais acessível a esse serviço. As universidades podem, então, ver esse recurso como uma oportunidade de parceria e encontrar formas de se tornarem mais atrativas para seu público-alvo, diante das diversas opções a que ele passou a ter acesso.

Algumas universidades oferecem também bolsas para participação de programas de pós-graduação *stricto sensu* (mestrado e doutorado). Vários países da Europa, por exemplo, contam com programas com essa característica, o que se torna um atrativo para profissionais do mundo inteiro que desejam obter esse nível de especialização. Assim, a pessoa que deseja ser usuária desse serviço educacional, mas que não tem condições de exercer o papel de pagante, passa a ser consumidora em potencial.

Tipos de decisão de compra

Agora, seja sincero, quando estávamos discutindo o processo de decisão de compra, em algum momento, você pensou que o modelo apresentado é extremamente genérico? Que pouquíssimas das compras feitas no dia a dia passam por todos esses processos, nessa ordem e com o grau de intensidade que foi descrito?

Esse pensamento faz sentido. E é pensando nisso que precisamos considerar que existem tipos diferentes de processo de decisão. Alguns fatores, como a frequência da compra e o grau de envolvimento do consumidor, podem causar algumas alterações muito importantes nesse processo.

O nível de complexidade da tomada de decisão pode variar, e podemos imaginá-la como um contínuo, que vai do extremo de pouca complexidade até o extremo de alta complexidade (Engel; Blackwell; Miniard, 2000). De um lado, temos um baixo grau de complexidade, em que o consumidor aplica pouco esforço (físico ou cognitivo) e busca agilidade no processo de decisão. Esse nível é denominado *solução de problema limitada* (SPL). Do outro lado desse contínuo, temos processos altamente complexos, que exigem do consumidor esforço, atenção e dedicação maiores. Esse nível é denominado *solução de problema ampliada* (SPA) ou complexa. Esse contínuo tem, igualmente, um ponto intermediário, em que a decisão é relativamente complexa, mas também apresenta certo grau de simplicidade. Esse ponto é denominado *solução de problema de médio alcance*.

Tente lembrar-se da última vez que você comprou uma pasta de dentes. Provavelmente, você não passou vários minutos buscando informações na internet sobre as características e os benefícios de cada marca, nem mesmo passou por várias lojas comparando preços e procurando o melhor preço para a marca que você escolheu.

Nesse caso, estamos falando de uma situação SPL. Note que o processo decisório é extremamente simples. O consumidor, nessa situação, busca poucas informações de forma ativa e, na maioria dos casos, talvez até nem perceba uma diferença clara entre as marcas. Vale lembrar que esses graus de complexidade aparecem em um contínuo, portanto, existe um crescimento gradual de complexidade, e não uma classificação fácil, em que a situação de compra se encaixa em uma ou outra categoria.

Em casos ainda mais ao extremo desse contínuo de processamento de informações, podemos considerar situações de decisões tão rotineiras que o consumidor sequer busca informações. Vamos pensar, novamente, no caso da pasta de dentes. Obviamente, existem clientes que buscam informações e comparam marcas a cada nova compra, mas muitos, simplesmente, repetem a compra anterior. Esse é um atalho comum para muitas categorias de produtos e caracteriza uma *tomada de decisão habitual* (Solomon, 2008). Como você deve imaginar, quando o cliente entra nesse estado, é um grande desafio para as marcas conquistá-lo, pois é preciso dar-lhe um estímulo que rompa seu estado de inércia e faça-o repensar sua escolha.

A constante escolha de uma marca por mera rotina não deve ser confundida com lealdade à marca. Nesses casos, normalmente, o consumidor não repete a compra por ser leal à marca e acreditar que seus benefícios são genuinamente melhores do que os oferecidos pela concorrência; a repetição ocorre apenas por uma condição cômoda de familiaridade e diminuição do esforço cognitivo a cada escolha. Embora esse pareça um bom cenário para a marca escolhida, essa vantagem pode ser muito volátil, pois alguns estímulos relativamente simples podem fazer o consumidor trocar de marca. Nessa condição, o consumidor simplesmente não tem motivação própria para trocar de marca, mas está aberto às ofertas que as demais marcas possam lhe fazer. Ações agressivas, como grandes descontos, normalmente são uma tentativa de romper esse *status quo*, afinal, chamam a atenção do consumidor para a melhor relação custo-benefício.

Para compreender esses conceitos abstratos, imagine, agora, outra situação, em que um jovem acabou de adotar um gato e o levou para sua casa. Uma vez que nunca teve um animal de estimação, ele conhece poucas marcas de ração para gatos. Além disso, dificilmente saberá avaliar o nível de qualidade de cada uma delas, muito menos a capacidade nutricional ou quão adequada a marca é para as necessidades de seu novo amigo.

Nesse caso, provavelmente, ele gastará um bom tempo buscando informações sobre a ração mais adequada. Ele pode visitar alguns *blogs* e *sites* sobre cuidados com animais de estimação, interagir em comunidades em redes sociais, perguntar a amigos que também tenham gatos de estimação, entre várias outras possibilidades.

Temos, nesse exemplo, uma situação de **SPA**. Claro que existem muitas compras bem mais complexas do que essa, mas isso ilustra como o grau de complexidade pode variar dentro de uma mesma categoria de processo de decisão de compra. Note que, nesse caso, estamos falando de uma compra inicial, ou seja, o consumidor identifica uma necessidade com a qual não havia se deparado ainda. Uma vez que decidir qual marca comprar, considerando o nível de qualidade e quanto pode pagar, ele dificilmente passará por todo esse processo novamente. Conforme essa compra se torna um hábito, ele fica cada vez mais propenso a ir diretamente à seção do supermercado em que fica a marca que escolheu, e a probabilidade de escolher outra marca provavelmente diminuirá a cada nova compra. Aliás, você reparou que, nesse exemplo, o comprador e pagante não é usuário? Note como os conceitos se relacionam.

Já que o consumidor teve alto grau de envolvimento com o processo de decisão, é mais complicado para as marcas concorrentes convencê-lo a trocar a marca escolhida. O consumidor investiu grande esforço avaliando as alternativas e fez a escolha por algum motivo, então, não vai ser tão fácil convencê-lo de que outra marca poderia ser uma escolha melhor. A repetição da compra foi motivada pela lealdade do consumidor à marca. No entanto, isso não quer dizer que todas as compras iniciais envolverão alto grau de envolvimento com a decisão, ou seja, uma compra inicial também pode ser uma **SPL**. Imagine que uma estudante deixa a casa de seus pais para estudar em uma universidade em outra cidade. Ao preparar a disposição dos móveis no apartamento que está alugando, ela percebe que precisa de alguns porta-copos para evitar manchar a mesa de madeira, mas, até então, ela sempre morou com seus pais e nunca havia comprado esse item. Como ela ainda tem inúmeras coisas para resolver antes do início das aulas, vai até um supermercado próximo e compra o modelo que mais lhe agrada entre as opções disponíveis.

Mas e quanto a soluções de problemas de **médio alcance**? Imagine um casal que, após um dia cansativo de trabalho, decide sair para jantar. Além de não estarem com disposição para cozinhar e limpar a cozinha, desejam descontrair um pouco e esquecer os problemas da rotina de trabalho. Para solucionar essa necessidade, será preciso certo esforço para levantar as opções de restaurante, discutir a preferência pelo tipo de comida e ambiente, considerar dificuldades de acesso, como a distância do restaurante, entre outros aspectos. Embora a decisão de consumo não seja tão complexa, também envolve um pouco mais de elaboração do que a compra rotineira de arroz que esse casal costuma fazer em casa, por exemplo.

Existem ainda duas outras categorias de processo de decisão de compra que merecem atenção: a compra por impulso e a busca de variedade.

A **compra por impulso** é um caso bastante peculiar, pois está associada ao alto grau de envolvimento do consumidor com a compra, mas, ao mesmo tempo, a um baixo nível de esforço de avaliação de alternativas. A análise é pouco objetiva e é como se, por um breve momento, o consumidor perdesse boa parte de sua capacidade de fazer uma decisão de compra racional.

A compra por impulso é resultado de um desejo muito intenso e urgente pela opção de consumo. Um desejo que não havia sido previsto e surge da exposição à opção de consumo. Certamente, você consegue associar esse tipo de processo de decisão a várias situações vividas. Quem nunca foi ao mercado comprar pão e acabou voltando para casa com uma barra de chocolate?

Já a **busca de variedade** acontece quando o consumidor está contente com sua opção rotineira, mas decide experimentar uma marca nova. Afinal, por que não? Esse tipo de compra pode acontecer mesmo em situações em que ela é motivada por lealdade, e não quer dizer, necessariamente, que o consumidor está disposto a trocar de marca. Fournier (1998) compara esse tipo de situação a um flerte com a marca.

Aliás, na prática, são raros os casos em que o consumidor é leal a apenas uma marca e se nega a experimentar qualquer outra. O que acontece, na maioria dos casos, é que os consumidores escolhem um conjunto de marcas preferidas e alternam a escolha entre elas de acordo com as circunstâncias.

> **Fique atento!**
>
> O nível de complexidade do processo de decisão de compra é um contínuo que começa em um nível baixo de complexidade (SPL), passa por um nível médio (médio alcance) e vai até um alto nível de complexidade (SPA). Esse contínuo aplica-se a compras iniciais, habituais, por impulso e de busca de variedade.

Métodos e técnicas de pesquisa do comportamento do consumidor

Uma das principais preocupações de um profissional de marketing é como embasar suas decisões em informações confiáveis. Você já ouviu alguém comentar que uma pessoa tem *tino comercial*? Usamos essa expressão para indicar que uma pessoa tem uma boa intuição para atender a determinado público, ou seja, para tomar decisões de mercado.

Mas em um mercado cada vez mais global e, consequentemente, cada vez mais complexo, será que é seguro que as decisões de marketing sejam tomadas com base na intuição de algumas pessoas? Será que não existem formas mais confiáveis de prever que tipo de abordagem é mais adequada para determinado público?

Você já reparou como os supermercados são organizados? Saiba que essa organização não é apenas uma questão estética ou de agrupamento de categorias. Muito do que determina a localização de cada setor tem uma única função: incentivar o consumidor a comprar mais.

E como podemos descobrir qual é a melhor disposição para os produtos, a fim de alcançar esse objetivo?

Entre os diversos tipos de pesquisa de mercado, existem algumas técnicas que visam, especificamente, conhecer como os consumidores reagem a determinados estímulos, como se relacionam com suas marcas e como tomam suas decisões de compra. Esse ramo de pesquisa é denominado *pesquisa do comportamento do consumidor*. Nela, explora-se a mente do consumidor para descobrir que tipo de associações ele faz com as marcas e, até mesmo, testar sua resposta a estímulos do ambiente durante a decisão de compra. Para isso, porém, é importante você entender uma pequena distinção entre a pesquisa acadêmica de comportamento do consumidor e a corporativa. Essas duas modalidades têm uma diferença fundamental quanto à sua finalidade. Ao passo que a **pesquisa corporativa** tem como principal finalidade embasar decisões gerenciais, a **pesquisa acadêmica** procura desenvolver e consolidar o conhecimento científico sobre o comportamento do consumidor. Essas diferentes finalidades geram particularidades quanto aos interesses de cada uma das vertentes.

A pesquisa acadêmica, por um lado, já que busca desenvolver o conhecimento científico, não considera como prioridade que esse conhecimento tenha aplicação prática imediata. Claro que é importante que o conhecimento gerado contribua também para a prática, mas essa contribuição nem sempre é óbvia e, frequentemente, exige adaptações e cuidados. Em razão dessa característica, atualmente, é comum que pesquisas científicas em comportamento do consumidor não estejam limitadas a uma cultura, a um gênero ou a uma classe social específica (embora existam exceções, claro).

Por outro lado, a pesquisa de comportamento do consumidor desenvolvida por uma empresa, normalmente, considera um público mais delimitado. Nesse caso, busca-se entender o que influencia o comportamento do público-alvo de uma empresa específica.

Muito bem, mas como podemos fazer isso? Antes de tudo, é preciso lembrar que uma pesquisa de mercado pode ser exploratória, descritiva ou causal (Vieira, 2002). Embora os detalhes da aplicação de cada método não sejam o foco deste livro, é importante que você tenha uma visão geral de como cada tipo de pesquisa pode contribuir para conseguir as informações de que você precisa.

A **pesquisa exploratória** do comportamento do consumidor tem a preocupação de entender, com profundidade, esse comportamento. Nesse caso, não temos variáveis predefinidas cuja relação queremos descobrir. Na verdade, queremos justamente descobrir quais são as variáveis envolvidas. Por isso, essas pesquisas adotam uma abordagem qualitativa, o que significa que o pesquisador está interessado em desvendar as características das variáveis, e não a intensidade com que essas características se manifestam.

Por sua vez, a abordagem quantitativa procura determinar a mensuração das características das variáveis do fenômeno estudado. Muito abstrato? Vamos falar em termos mais práticos. Imagine, por exemplo, que uma grande montadora de carros, como a Land Rover, queira saber como os consumidores brasileiros percebem sua marca. Nesse caso, a empresa quer explorar quais associações existem na mente do consumidor quando ele pensa na marca Land Rover. Que tal fazer um breve exercício? Você conhece a marca Land Rover? O que vem à sua mente quando pensa nela?

A pesquisa exploratória fará esses e outros questionamentos com determinado grupo de consumidores representativo de seu público-alvo. Mas é preciso tomar cuidado com o termo *representativo*, pois não estamos falando de representatividade estatística. No caso da pesquisa exploratória, estamos simplesmente buscando sujeitos que apresentem as características essenciais de nosso público-alvo.

Uma das principais pesquisas exploratórias conduzidas pelas marcas é o grupo de foco. Basicamente, o grupo de foco é uma pesquisa em que um moderador conduz uma entrevista com um pequeno grupo, normalmente, entre 8 e 12 pessoas (Malhotra, 2012).

A condução de um grupo de foco é mais complexa do que uma mera conversa e exige do profissional que conduz a sessão um estudo muito específico. O moderador deve estimular as pessoas a falar de forma livre e sincera sobre o que pensam.

Vamos voltar a pensar no caso da Land Rover. Que tipo de *insights* poderíamos obter em um grupo de foco? Poderíamos, por exemplo, buscar informações sobre o que as pessoas pensam sobre um proprietário de um carro da marca. Como você imagina que seja essa pessoa? Qual é a atividade profissional dela? Como é a estrutura familiar em que ela está inserida?

Essas associações mentais que fazemos em relação a uma marca são muito importantes para entender como os consumidores percebem-na. Dificilmente, uma pesquisa de cunho exploratório trará informações suficientes para entendermos como influenciar o comportamento de grande número de pessoas, como seria o público da Land Rover, mas, certamente, pode fornecer uma boa noção do que está por trás desse comportamento.

A pesquisa exploratória é um ótimo instrumento para escolhermos uma direção para investigar com mais cuidado. Imagine, por exemplo, que uma empresa está perdendo clientes para um grande concorrente, mas não sabe qual o motivo, já que os produtos das duas marcas são muito parecidos. Imagine que o diferencial da marca concorrente é que ela é vista como uma marca inovadora e jovem, e a marca que está perdendo mercado transmite uma imagem de poucas mudanças. Uma pesquisa exploratória poderia revelar qual é, exatamente, o problema que a empresa está enfrentando antes de investigar as possíveis formas de lidar com essa situação.

De abordagem qualitativa, outro grupo de técnicas são as chamadas *técnicas projetivas*. Basicamente, elas são desenvolvidas para induzir o respondente a apresentar sua percepção sobre o assunto de maneira indireta, ou seja, a pessoa não declara claramente sua impressão sobre o tema, mas evidencia essa impressão por meio de respostas a atividades indiretas (Malhotra, 2012). A lógica por trás dessas técnicas é que as pessoas devem projetar, nessas situações indiretas, seus próprios valores e suas tendências. As principais técnicas de pesquisa projetiva, segundo Malhotra (2012), são:

» **Técnicas de associação** – nesse tipo de pesquisa, o respondente escolhe livremente entre um conjunto de imagens ou palavras aquelas que acredita estarem mais associadas ao conceito que lhe é apresentado. Isso pode ajudar a entender qual é a rede de associações que os consumidores fazem em relação a uma marca, por exemplo. Obviamente, a interpretação desses dados deve ser feita por um psicólogo treinado. Uma das mais conhecidas formas de aplicação dessa técnica é a ZMET, sigla para *Zaltman metaphor elicitation technique* (técnica de elicitação de metáforas de Zaltman).

» **Técnicas de completamento** – nessa aplicação, apresenta-se ao respondente uma série de afirmações e situações incompletas para que ele preencha as lacunas.

» **Construção** – nesse caso, solicita-se ao respondente que desenvolva uma narrativa para uma situação que lhe é apresentada. Pode-se, por exemplo, apresentar imagens de pessoas em situações de compra para que os respondentes expliquem o que, provavelmente, essas pessoas estão pensando ou dizendo.

» **Expressão** – nessa técnica, os respondentes são convidados a interpretar a situação, ou seja, a pessoa assume um papel no cenário que lhe é apresentado e deve colocar-se no lugar dessa personagem. Novamente, espera-se que o respondente projete, nessa personagem, o que seriam suas próprias reações.

Ainda nas pesquisas de viés qualitativo, temos os estudos de abordagem etnográfica. Esses estudos inspiram-se no principal método da antropologia para entender as sociedades humanas: a observação participante. Sua principal característica é o pesquisador se envolver diretamente com o agrupamento social que deseja investigar, ou seja, é como se, por um período, ele fizesse parte desse grupo, mas com um olhar treinado para detectar os valores compartilhados, as relações e os rituais que ajudam a construir a identidade cultural dessa comunidade (Malhotra, 2012). No contexto de mercado, esse tipo de pesquisa é muito indicado para entender como os hábitos de consumo se mesclam e ajudam a compor as relações sociais, como no caso das comunidades de marca, que são essencialmente agrupamentos sociais em que o elo entre os indivíduos é o interesse pela marca (Schau; Muñiz Jr.; Arnould, 2009).

Há relativamente pouco tempo, surgiu uma nova abordagem metodológica no meio da moda, o denominado *coolhunting*, uma forma de pesquisa que procura detectar as tendências antes que elas sejam adotadas pela cultura dominante. Nessa abordagem, o pesquisador observa, livremente, os hábitos culturais urbanos, o que Gladwell (1997) chama de *cultura de rua*, a fim de detectar significados compartilhados que estejam ainda no início. Dessa forma, as marcas que utilizam esse tipo de pesquisa podem adiantar-se à massificação das tendências, de modo a se aproveitarem desse crescimento desde as fases iniciais.

Esse tipo de pesquisa tem como foco os grupos de consumidores pivôs dessas tendências, os chamados *consumidores alfa* (Grossman, 2003). Nesse sentido, esses consumidores incorporam o que é considerado *cool*, ou seja, percebido como sinal de um gosto apurado, criativo e inovador. A partir do momento em que esses consumidores alfa adotam e disseminam determinados hábitos de consumo, são logo vistos por aqueles que desejam também incorporar essa identidade *cool*.

É importante destacar, aqui, que o objetivo do *coolhunting* não é simplesmente observar os hábitos das camadas mais vanguardistas da sociedade para imitá-los, mas entender os padrões de construção dos significados culturais dessas pessoas, procurando incorporar esses significados na oferta da marca, de modo que os consumidores a procurá-la serão, justamente, esses consumidores alfa (Fontenelle, 2004). Em outras palavras, em vez de meramente oferecer produtos que agradem aos consumidores *cool*, a marca busca ser percebida por esses consumidores como um reflexo daquilo que querem expressar, de modo a ser o que esses consumidores usam para criar as novas tendências.

Há quem advogue que apenas uma pessoa *cool* pode desenvolver esse tipo de pesquisa. Segundo Gladwell (1997), uma das principais referências nesse tema, é preciso ser *cool* para reconhecer o que é *cool*. Bem, não há nada de errado com isso, mas, de certa forma, compromete a adoção desse tipo de pesquisa como um método com validade científica, já que a lógica científica da construção do conhecimento pressupõe que um estudo possa ser replicado a um mesmo fenômeno, aplicando-se o mesmo método. De qualquer maneira, essa é uma opção bastante interessante para marcas que desejam ser incorporadas nos significados culturais que unem determinado grupo social.

Se você precisa apenas descrever os hábitos, as características e os comportamentos de uma população, a *pesquisa descritiva* é o tipo de pesquisa adequado. Como o nome sugere, ela é usada para descrever uma realidade, mas sem intenção de interferir nela (Malhotra, 2012). Muito abstrato? Na prática, para que serve a pesquisa descritiva?

Para entender melhor a pesquisa exploratória e a descritiva, imagine que o diretor de marketing de um *shopping center* deseja saber o que motiva os clientes a frequentarem o *shopping*. Nesse caso, podemos abordar a situação com uma pesquisa exploratória, mas, em seguida, podemos usar uma fase descritiva para dar mais suporte à decisão.

Na fase exploratória, são levantadas as motivações existentes no público-alvo. Obviamente, há diversidade de motivações, portanto, a preocupação nessa fase é mapear toda essa diversidade. Na sequência, o diretor precisaria ter uma ideia de qual a proporção de cada uma dessas motivações no público que frequenta o *shopping*, afinal, pode ser que algumas dessas motivações sejam mais presentes nos clientes do *shopping* e outras nem tanto. Essa informação viria de uma **pesquisa descritiva**.

Caso você tenha curiosidade, existe um estudo muito interessante, publicado por Hastreiter, Marchetti e Prado (1999), que identificou quatro categorias (tipos) de consumidores em *shopping centers*, cada uma com uma motivação específica. Os consumidores foram classificados, de acordo com sua motivação para frequentar o *shopping*, nas seguintes categorias:

» **Práticos** – esses consumidores buscam o *shopping center* como um local de conveniência, que agrega várias opções de consumo que lhes atende. No público estudado, essa foi a motivação principal de 29,6% dos consumidores.

» **Comodistas** – buscam o conforto e a comodidade que o *shopping* pode oferecer-lhes e o percebem como adequado para ir ao cinema e fazer compras, mas não para o convívio social ou para fazer refeições. Essa motivação foi identificada em 22,9% dos consumidores estudados.

» **Hedonistas** – buscam o *shopping*, principalmente, pela diversão que este pode proporcionar-lhes. Acham o local adequado para ir ao cinema e encontrar amigos, mas não para fazer compras, refeições ou pesquisar preços. Esse grupo representou 10,8% dos consumidores estudados.

» **Aficionados** – consideram todas as opções do *shopping* adequadas, ou seja, buscam tanto para convívio social e diversão quanto para satisfazer necessidades mais básicas e rotineiras. Esses consumidores representaram 36,7% do público pesquisado.

Porém, a pesquisa descritiva não exige, necessariamente, que o pesquisador colete diretamente as declarações dos sujeitos pesquisados. É possível desenvolver estudos dessa natureza, de acordo com Malhotra (2012), por meio dos seguintes métodos de observação:

» Observação pessoal – nesse caso, o pesquisador observa o comportamento no próprio contexto, registrando como o consumidor agiu com relação aos critérios que definiu previamente que seriam observados. Deve-se, portanto, interferir o mínimo possível na situação para evitar que qualquer tipo de reação seja induzida nos sujeitos observados.

» Observação mecânica – esse método de aplicação é muito parecido com o da observação pessoal, mas, em vez de os fatos serem observados diretamente pelo pesquisador, são registrados por dispositivos eletrônicos. O *eye-tracking* é um exemplo de aplicação mais sofisticada desse princípio de observação. Nesse método de pesquisa, uma câmera registra o movimento do olhar do sujeito em determinado contexto (como a visita a uma página da internet) e mapeia o trajeto do olhar do consumidor, formando-se um "mapa de calor", uma forma gráfica de exibição que indica, em cores mais quentes, as regiões que atraíram o olhar por mais tempo. Os dispositivos de neuroimagem usados nos estudos de neuromarketing são outro exemplo de aplicação de observação eletrônica. Esses dispositivos captam a atividade cerebral do sujeito ao ser exposto a determinado estímulo, indicando as respostas fisiológicas ao observar as áreas do cérebro que são ativadas diante do estímulo.

» **Auditoria** – nesse método, o pesquisador faz um mapeamento de itens físicos em determinado contexto. Por exemplo, pode-se observar a composição da despensa de algumas famílias, assim, são extraídos *insights* sobre suas preferências e escolhas de consumo.

» **Análise de conteúdo** – esse método classifica e padroniza determinados objetos linguísticos para entender como dado fenômeno se manifesta no discurso do público observado. Nesse caso, estamos falando de uma abordagem quantitativa, pois, ainda que o elemento com que se trabalha seja essencialmente subjetivo, ou seja, particular do sujeito, tentamos transportar apenas a carga de significado para categorias que serão analisadas e quantificadas de forma objetiva.

» **Análise de traço** – esse tipo de observação se concentra na análise de evidências físicas de um comportamento que já tenha acontecido. Esse método é muito indicado nos casos em que precisamos entender um padrão sequencial no comportamento do consumidor. Por exemplo, por meio da observação do caminho que um internauta faz até chegar a uma loja *on-line*, podemos identificar quais são as características dos canais mais comuns entre as pessoas que chegam até a loja. Dessa forma, temos uma boa ideia de como foi construída a experiência do consumidor até chegar ao contato com a marca.

Para finalizar, vamos conversar um pouco sobre a **pesquisa causal** ou **explicativa**. Ao passo que a pesquisa descritiva se preocupa em descrever as variáveis em uma população, a pesquisa causal procura explicar o comportamento das variáveis, ou seja, busca a relação de causa e efeito (Vieira, 2002).

Existem diversas técnicas para a aplicação de experimentos ao estudo do comportamento do consumidor, mas discuti-las em detalhes foge do escopo deste livro. O conceito básico do experimento é que precisamos separar os consumidores em grupos mais ou menos parecidos e apresentar a cada grupo condições diferentes. Por exemplo, para descobrir se o estilo de música tocado em uma loja em um *shopping* influencia o comportamento de compra dos clientes, é preciso testar o comportamento dos consumidores sob diferentes gêneros de música. Nesse caso, poderíamos escolher um período de alto movimento, como os fins de semana, e intercalar a execução de gêneros que acreditamos poder influenciar o comportamento de compra. Em um fim de semana, os clientes ouviriam *jazz*; em outro, *rock*; em um próximo, *pop*. Para saber se a música influenciou os consumidores a comprar mais, podemos comparar o faturamento da loja em cada um dos fins de semana em que tocaram os diferentes gêneros musicais.

Você deve estar se perguntando como é possível saber se foi realmente a música que motivou os consumidores a comprarem mais. Essa, na verdade, é uma das principais preocupações de pesquisadores ao conduzir experimentos, ou seja, a influência de fatores externos.

Se compararmos as vendas da loja de dezembro em relação às de janeiro, é bem provável que a diferença não seja resultado das diferentes músicas executadas, mas sim em razão de as vendas de dezembro serem naturalmente maiores. No entanto, se pudermos garantir que todas as demais condições são iguais, mudando apenas a música tocada na loja, podemos ter uma boa noção da influência desse fator sobre o consumidor.

Mas existe ainda outro tipo de pesquisa que tem se mostrado muito promissor, o *big data*. Esse tipo de análise possibilita *insights* sobre o comportamento dos consumidores que poderíamos nem ter pensado.

O *big data* consiste em aplicar técnicas estatísticas para observar a relação entre as variáveis de um grande volume de dados (Provost; Fawcett, 2013). Na prática, o que isso quer dizer?

Imagine que um supermercado gera um volume gigantesco de dados a cada dia ao registrar todas as compras realizadas. São tantos dados que dificilmente um profissional poderia identificar, a olho nu, padrões de comportamento de compra com base nesses dados, mas eles podem ser uma fonte riquíssima de informações sobre as preferências e as tendências dos clientes. Por meio do *big data*, podemos identificar padrões na composição do carrinho de clientes.

Você se lembra de quando comentamos, ainda no Capítulo 2, sobre o caso icônico em que a rede americana de supermercados Target descobriu que uma garota estava grávida antes mesmo dos pais dela (Hill, 2012)? Utilizando o *big data*, a empresa identificou que o carrinho de compras da garota era muito parecido com o de outras garotas sabidamente gestantes. Com essa informação, a empresa passou a enviar à cliente diversas propagandas de produtos para gestantes e para bebês, o que despertou uma certa indignação nos pais dela, que reclamaram com a loja pela inconveniência das propagandas. Diante da reclamação, a loja se desculpou e assegurou que as propagandas seriam interrompidas. Alguns dias depois da situação, o gerente responsável pela loja ligou para o pai que havia feito a reclamação e, para sua surpresa, recebeu ele próprio um pedido de desculpas, já que o cliente acabou descobrindo que a filha estava, de fato, grávida.

A esta altura, você já deve ter percebido que conhecer o comportamento de seu público-alvo pode ser um grande diferencial na elaboração da estratégia de marketing.

Motivação, valores, atitudes e persuasão

O que leva o consumidor a direcionar seu desejo para determinado produto em detrimento de outro? O que conduz o consumidor a desenvolver vínculos mais fortes com algumas marcas e não com outras? O consumo é direcionado por fatores bastante particulares de cada pessoa, formados ao longo de todo o seu desenvolvimento pessoal. A influência desses fatores será nosso foco neste capítulo.

Motivação

Você se lembra de como ocorre o reconhecimento do problema no processo de decisão de compra? O consumidor reconhece uma necessidade quando percebe uma discrepância entre o estado em que se encontra e aquele em que gostaria de estar (Solomon, 2008).

Essa discrepância provoca um estado de tensão, que leva o consumidor a buscar formas de aliviá-la e voltar ao que seria um estado de equilíbrio, denominado *homeostase*. Essa força que impele o consumidor a buscar e considerar opções de consumo é o que chamamos de *motivação*.

A partir do momento em que reconhece a necessidade, podemos dizer que o consumidor adota uma meta. Mas o grau de intensidade com que considera essa meta pode variar, e muito.

Você já se viu em alguma situação em que estivesse muito confortável em casa, mas, de repente, percebeu que precisava comprar algum item? Suponha que você está deitado no sofá, assistindo a um filme muito interessante em um dia chuvoso. Em algum momento durante o filme, você se lembra de que o xampu está acabando e não sabe se tem o suficiente para o próximo banho. Qual você imagina que seria seu nível de motivação para ir até o mercado mais próximo e comprar o xampu?

Agora, imagine outra situação, em que você convidou sua família para almoçar em sua casa no domingo. Faltando meia hora para eles chegarem, você decide levar ao forno a lasanha de brócolis que preparou para ser a atração principal. No entanto, quando tenta ligar o forno, você descobre que o gás acabou. Nesse caso, se você for como a maioria dos consumidores, sua motivação seria muito mais intensa (e, provavelmente, a ansiedade também).

Quando falamos de *necessidades*, precisamos ter em mente que esse conceito não se manifesta apenas de uma forma, pois necessidades diferentes têm, também, motivações diferentes. A definição de que uma necessidade é a diferença entre o estado em que o indivíduo está e aquele em que gostaria de estar dá margem à classificação de tipos diferentes de necessidades. Solomon (2008) classifica essas necessidades, teoricamente, de duas formas: uma delas com base na origem da necessidade e a outra de acordo com o tipo de finalidade. Muito abstrato? Sim, mas vamos ilustrar melhor.

Com relação à origem da necessidade, Solomom (2008) diferencia necessidades biogênicas e psicogênicas. As necessidades **biogênicas** são aquelas que nascem com os seres humanos e representam as condições de sobrevivência, como alimentação, abrigo, reprodução e temperatura adequada. Já as **psicogênicas** vão se desenvolvendo durante o processo de socialização do indivíduo. Essas necessidades sofrem grande influência da cultura, pois são os valores sociais que as moldam. Por exemplo, em uma cultura mais individualista, o consumidor pode sentir a necessidade de se destacar, sendo que considera o sucesso como uma questão de triunfo individual. Todavia, em uma cultura mais coletivista, o indivíduo pode considerar que o sucesso deve ser alcançado pelo coletivo e, portanto, sente uma necessidade maior de preservar sua identidade de grupo.

As necessidades **utilitárias** são aquelas que atendem a uma necessidade prática e exercem uma função bastante racional em meio às atividades do consumidor. Uma pessoa que compra uma caixa de transporte para levar seu animal de estimação com segurança à clínica veterinária, por exemplo, provavelmente, é motivada pelo benefício bastante prático e racional de que seu amigo não suje o banco do carro ou para que a segurança durante o percurso não seja comprometida.

Entretanto, as necessidades **hedônicas** têm um apelo muito mais emocional. Normalmente, esse tipo de necessidade está mais associado ao prazer proporcionado pela experiência de consumo do que a uma real necessidade de obter algum benefício prático do produto. Para ilustrar esse tipo de necessidade, vamos usar um exemplo um pouco extremo e, talvez, até um pouco polêmico: o consumo de bebidas alcoólicas.

Há quem diga que o consumo de vinho em quantidades moderadas pode trazer grandes benefícios à saúde. Essa prática é, inclusive, presente na dieta mediterrânea, que muitos defendem promover a longevidade. Mas também há quem diga que os benefícios do consumo do álcool nessa forma não superam os riscos (Roxby, 2017). Mesmo assim, é evidente que, na maioria dos casos, o consumo de álcool não está associado à sua capacidade nutritiva ou à preocupação com a saúde. O apelo desse tipo de produto está, normalmente, associado à experiência de prazer que ele pode proporcionar, inclusive, pelo potencial de intensificar o prazer das interações sociais. Portanto, podemos dizer que a motivação para esse tipo de consumo é hedônica.

Na prática, essa distinção nem sempre fica tão clara. Um produto com grande potencial para satisfazer necessidades utilitárias pode muito bem ser incrementado com atributos que proporcionem também certa dimensão hedônica, ou seja, de prazer na experiência de consumo. Um casal que compra uma minivan para se locomover com seus filhos, provavelmente, está dando muito mais ênfase à dimensão utilitária do produto. Já uma empresária que decide comprar um carro da Mercedes-Benz para afirmar seu *status* social está pensando tanto na dimensão utilitária de um meio de locomoção quanto na dimensão hedônica que a experiência de dirigir o carro pode trazer-lhe.

Em, basicamente, qualquer contexto em que for discutido o tema *motivação*, você ouvirá falar na hierarquia das necessidades proposta por Maslow (1943). Esse autor propôs que o comportamento humano é, fundamentalmente, motivado pela satisfação de necessidades não atendidas. A teoria de Maslow (1943) propõe que as necessidades humanas podem ser classificadas em tipos que são subordinados segundo uma cadeia de prioridades. Algumas necessidades mais básicas precisam ser supridas primeiro para que a pessoa passe a considerar as necessidades superiores.

As categorias de necessidades propostas por Maslow, em ordem decrescente de prioridade, são:

» **Necessidades fisiológicas** – são as mais básicas para a manutenção do organismo e representam as condições mínimas para sobrevivência, como a alimentação.

» **Necessidades de segurança** – representam as necessidades de se evitar algo que possa ameaçar a sobrevivência. O que motiva uma pessoa a pagar mais por um carro com *airbag* é a necessidade de segurança.

» **Necessidades sociais** – são as que dizem respeito a associação a um grupo de pessoas. Necessidades de relacionamento, de pertencimento a um grupo social, de amor e de afeição se encaixam nessa categoria.

» **Necessidades de estima** – referem-se a sensação de segurança sobre seu valor pessoal e de que esse valor seja percebido por si mesmo e pelos outros.

» **Necessidades de autorrealização** – relacionam-se ao sentimento de que os propósitos estão sendo cumpridos.

Embora seja um modelo amplamente estudado, hoje, a hierarquia das necessidades de Maslow é considerada insuficiente para explicar a complexidade da motivação humana, o que, certamente, não diminui sua importante contribuição para o entendimento desse tema. A grande limitação desse modelo é que ele considera as necessidades dispostas em forma de pirâmide: as superiores só passam a ser relevantes para o indivíduo a partir do momento em que as inferiores já estão satisfeitas. Bem, isso até pode fazer algum sentido quando consideramos casos extremos, porém, atualmente, percebemos que essa sequência de degraus não é tão estrita. Uma pessoa pode, por exemplo, empregar grande esforço para concretizar suas ambições profissionais, mesmo que suas interações sociais não estejam tão satisfatórias quanto gostaria. Assim, na maioria dos casos, podemos pensar nessas necessidades como **simultâneas**, e não como uma sequência de degraus, pois, por mais que as necessidades básicas à sobrevivência sejam fundamentais, isso não quer dizer que as demais não possam ser buscadas ao mesmo tempo.

Além disso, precisamos considerar que os estudos de Maslow foram feitos tendo como base pessoas que não representam a maioria da população mundial, já que eram, basicamente, homens brancos e com alto grau de escolaridade, motivo pelo qual talvez seja muito ousado aplicar sua proposta, de modo comum, a toda a humanidade.

No entanto, Tay e Diener (2011) testaram a existência dessas necessidades em uma amostra contendo pessoas de 123 países, a fim de verificar se são, de fato, fundamentalmente humanas. As necessidades se confirmaram, mas os pesquisadores encontraram um resultado curioso: algumas culturas valorizam mais algumas necessidades do que outras.

Você deve estar se perguntando qual a utilidade prática desse conhecimento para o profissional de marketing. Bem, entender o que o consumidor busca satisfazer com o produto é essencial para direcionar a forma como este será apresentado. Não é à toa que empresas de telefonia costumam usar, como principal mecanismo de persuasão, o fato de seus serviços ajudarem a suprir necessidades sociais dos consumidores, uma vez que estes estarão em contato com os amigos mesmo quando distantes.

As motivações, porém, podem ser barradas, impedidas de se concretizarem por meio de resistências, denominadas *freios*, que são forças antagônicas às motivações e que impedem o consumidor de dar vazão a seus desejos e a suas necessidades de consumo.

Para Samara e Morsch (2005, p. 107), "Os freios não podem ser eliminados, apenas reduzidos. Por isso, é importante para o profissional de marketing tentar antecipá-los, por meio de mecanismos como itens adicionais de segurança, adaptações da oferta e garantia aos consumidores". É um trabalho constante, pois sempre haverá freios atuantes que, de certa forma, servem para tirar o consumidor do caminho de atender cegamente a todos seus desejos.

Valores

Nossas escolhas, no momento da compra, são influenciadas por um conjunto de valores que temos. Esses valores são crenças sobre o mundo, que funcionam como princípios orientadores para o que consideramos aceitável (Engel; Blackwell; Miniard, 2000). Dificilmente, temos consciência da influência desses valores no momento de uma compra, entretanto, conhecê-los é fundamental para a segmentação de mercado.

Por mais estranha que pareça essa afirmação, as marcas também expressam valores na construção de sua identidade. Logo, conhecer os valores do público-alvo é fundamental para a comunicação dos valores da marca. O ponto-chave dessa questão é promover uma identificação dos valores do consumidor com os valores da marca, pois, se o consumidor perceber essa coerência, as chances de buscar interação com a marca são muito maiores.

Certamente, o conjunto de valores do público-alvo de uma marca com apelo popular, por exemplo, será muito diferente do conjunto de valores do público-alvo de uma marca de luxo.

Um estudo publicado por Torelli et al. (2012) demonstrou que os consumidores tendem a reagir de forma desfavorável à comunicação de responsabilidade social corporativa de marcas de luxo. O conceito das marcas de luxo está muito associado à diferenciação social e à sinalização de *status*, por isso, ações que visem promover a equidade social tendem a ser vistas como incoerentes com os valores fundamentais da marca.

Obviamente, esse é um estudo genérico e, portanto, sua validade de aplicação à gestão das marcas vai depender de cada contexto. Mesmo assim, há uma propensão observável que sinaliza um cuidado necessário ao gestor de marketing ao considerar a coerência entre as ações da marca e os valores que os consumidores percebem estar associados a ela.

Atitudes

Existe alguma marca da qual você goste tanto que, só de assistir à propaganda, já dá vontade de comprar? Existe, porém, alguma marca que você simplesmente não consegue imaginar-se consumindo? O principal mecanismo responsável por esse tipo de reação é a atitude, que pode ser entendida como uma predisposição do indivíduo a reagir de forma favorável ou desfavorável ao objeto.

Em geral, podemos classificar a atitude de uma pessoa com relação a uma marca como favorável ou desfavorável. Claro que essas categorias não são uma relação binária de gosto ou aversão, mas sim uma reação com níveis de intensidade diferentes, ou seja, quanto positiva ou negativamente uma atitude pode variar.

E como as pessoas desenvolvem uma atitude? Existem, basicamente, três componentes nesse conceito que ajudam a explicar como ele é formado, a saber:

1. **Cognitivo** – representa o conhecimento e as crenças que estão vinculados à marca. Todas as informações da marca com as quais o consumidor tem contato ajudam a formar esse componente.
2. **Afetivo** – representa os sentimentos associados à marca. A interpretação que o consumidor faz das informações que recebe da marca provocam, muitas vezes, reações

emocionais que ajudam a formar a atitude com relação à ela.

3. **Conativo** – representa o quanto a atitude formada pode influenciar o comportamento que o consumidor apresentará com relação à marca. Uma marca que conquiste uma atitude muito favorável pode promover o comportamento de compra ou, simplesmente, marketing boca a boca. Em alguns casos, o consumidor pode, inclusive, assumir um papel de advogar pela marca, defendendo-a de críticas. Contudo, uma atitude muito desfavorável pode dar margem a comportamentos de aversão à marca, com o consumidor podendo advogar contra ela. Desnecessário dizer que esse é um cenário em que nenhuma marca quer estar.

Persuasão

Você saberia dizer qual é o objetivo de uma propaganda? E por que muitas marcas apelam para o humor em suas propagandas? Para entreter o consumidor?

As propagandas informativas são uma ferramenta usada pelas empresas para instruir seu público-alvo sobre sua marca. No entanto, diante da infinidade de estímulos aos quais somos expostos todos os dias, garantir que essa informação receba a atenção do consumidor e fique registrada em sua memória é um desafio sem proporções.

Se a marca apresenta uma informação ao consumidor e ele não a percebe ou, se a percebe, não se lembra dela no momento de uma compra, o esforço da marca foi desperdiçado, certo?

Vamos, então, compreender as bases do processamento dessas informações pelo consumidor. Assim, é possível nos precaver para que essas ações sejam mais eficazes.

Você já saberia dizer por que é importante que gestores estudem o comportamento de seus consumidores? As ações que se embasam nesse estudo, normalmente, têm um objetivo muito claro: influenciar o comportamento de consumo das pessoas.

Quando falamos em promover a conexão do consumidor com a marca, por exemplo, qual o interesse em que seus consumidores sintam uma conexão emocional com ela? Vamos ser francos e diretos: o interesse do acionista não é desenvolver um relacionamento significativo com o consumidor, mas sim a lealdade à marca que isso pode gerar – e, consequentemente, a frequente repetição de compra.

Uma das mais aceitas explicações para o processo de influência sobre o comportamento de uma pessoa é o Modelo da Probabilidade de Elaboração (MPE), desenvolvido por Petty e Cacioppo (1986). Esse modelo não se refere apenas à persuasão do consumidor pela marca, mas a qualquer tentativa de influenciar a atitude ou o comportamento de alguém, ou seja, o MPE explica também o que acontece quando você tenta convencer seu amigo a assistir ao seriado *Game of Thrones* (ou quando tentam convencer você, se for esse o caso), por exemplo.

Segundo esse modelo, existem duas rotas pelas quais uma informação persuasiva pode ser processada: (1) a central e a (2) periférica. Se a informação é processada pela **rota central**, significa que há grande esforço cognitivo, ou seja, a pessoa investe na racionalização da análise. Nesse caso, para que seja convencida, é preciso que a outra parte lhe apresente argumentos muito consistentes. Porém, muitas vezes (na maioria das vezes, na verdade), a informação é processada por um atalho: a **rota periférica**. Nesse caso, há pouca elaboração, e a decisão sobre a confiabilidade da informação é baseada, principalmente, em pistas que agilizem esse processo, sem muita análise crítica.

Muito abstrato? Imagine que você procura um carro para comprar e, ao visitar uma concessionária, um vendedor investe alguns minutos explicando todos os atributos do carro que ele acredita serem úteis para você. A cada argumento que o vendedor apresenta, você se pergunta se aquele atributo é, realmente, necessário e se vale o preço cobrado. Você pensa cuidadosamente e compara-os às características dos outros carros que você considera comprar. Nesse caso, a tentativa de persuasão do vendedor está sendo processada pela rota central.

Agora, imagine que você está assistindo a um filme da franquia 007 e se depara com uma cena de James Bond dirigindo um Aston Martin. Quantas associações você faria sobre esse carro mesmo sem perceber? Ao ver o carro em uma situação de alto desempenho, você, provavelmente, imaginará que o carro é extremamente potente. Além disso, a associação com a imagem do agente da MI-6 pode reforçar um ar de charme e *finesse* sobre a marca. Nesse caso, suas impressões e conclusões sobre a Aston Martin não vieram de uma análise cuidadosa e racional das informações recebidas, elas foram processadas pela rota periférica.

O processamento da informação por meio da rota central ou periférica depende, basicamente, de dois fatores: (1) a **motivação** e (2) a **capacidade** do indivíduo para analisar a informação.

Se um amigo muito próximo lhe recomenda um restaurante, você pode não estar, assim, tão disposto a analisar racionalmente cada aspecto da descrição sobre o restaurante, pois, talvez, esteja mais interessado em colocar os assuntos em dia e ouvir a experiência dele. Nesse caso, você pode acabar embasando-se em outras pistas, como o fato de vocês terem gostos parecidos, o que lhe faz assumir que, provavelmente, gostaria do serviço do restaurante. Então, sua impressão sobre o restaurante foi criada por meio da rota periférica de persuasão.

Quando você está assistindo a um programa de televisão em que uma pessoa entrevistada fala sobre a importância da prevenção ao câncer de mama, você pode não ter o conhecimento necessário para avaliar os argumentos apresentados, no entanto, é provável que você assuma (ainda que inconscientemente) que a pessoa sabe do que está falando pelo simples fato de ela estar usando um jaleco, por exemplo.

Elementos sensoriais no ponto de venda

Você já reparou em como a iluminação de um restaurante de alta rotatividade no centro da cidade é diferente da de um restaurante mais romântico? No restaurante de alta rotatividade, a iluminação costuma ser mais intensa, dando preferência a uma luz branca, e no restaurante mais romântico, costuma ter uma iluminação bem mais baixa, às vezes, até preferindo o uso de velas.

A motivação dos consumidores que frequentam cada um desses lugares, obviamente, é muito diferente. Imagine que, em um sábado à noite, um casal decide sair para jantar em um restaurante em uma área nobre da cidade. Ambos estão extremamente cansados com a correria do dia a dia e querem somente um lugar aconchegante para apreciar uma refeição e afastar a mente dos problemas do trabalho.

Os cinco sentidos – visão, audição, olfato, paladar e tato – são o meio pelo qual interagimos com o ambiente ao nosso redor. Assim, obviamente, os estímulos presentes no ambiente durante o jantar desse casal afetarão, diretamente, sua experiência de consumo. Com isso em mente, é preciso entender os efeitos de cada um desses estímulos nos consumidores e usar esse conhecimento a favor da marca.

O cuidado com os estímulos aos cinco sentidos é um ponto ainda mais crítico nos casos de consumo hedônico, já que o objetivo do consumidor é, justamente, o prazer da experiência, ou seja, está mais sensível a todos os estímulos que recebe. O trabalho com os elementos sensoriais durante o consumo é, então, uma ferramenta para promover uma experiência mais intensa.

Em muitos casos, o marketing sensorial acontece de maneira espontânea, sem que tenha sido cuidadosamente planejado para isso. Em uma cafeteria, por exemplo, o próprio arranjo operacional de preparar o café no balcão pode ser um processo que faz com que o cheiro de café se dissipe por todo o ambiente. Se você é um apreciador de café, certamente, sabe o quão especial pode ser a presença marcante desse aroma na experiência de visitar uma cafeteria. No entanto, note que a presença do elemento sensorial, no caso descrito, pode ser natural, inerente ao funcionamento da cafeteria. Um gestor habilidoso toma para si a responsabilidade de promover essa interação; do contrário, o aprimoramento da experiência do consumidor fica à mercê da sorte.

Um artigo publicado em 2015, na *Revista Brasileira de Gestão e Inovação* (Sarquis et al., 2015), compila evidências de que os estímulos sensoriais podem influenciar não apenas a atitude do consumidor com relação à marca, mas também sua percepção sobre o produto, a experiência e a própria marca. Os autores argumentam que o marketing sensorial é mais do que um mero estímulo pontual, porque esses estímulos podem ser pensados em conjunto para construir a própria identidade da marca, já que fazem parte da rede de associações que o consumidor constrói em suas experiências com ela.

Isso reforça um modelo criado por Krishna (2013), que defende que os estímulos sensoriais influenciam o julgamento e a percepção do consumidor por meio das associações cognitivas e emocionais que são ativadas.

Entretanto manipular a experiência sensorial do consumidor a fim de aumentar sua satisfação não é tarefa simples. Obviamente, é impossível controlar todos os estímulos que uma pessoa recebe durante a experiência de consumo, e seria praticamente impossível mapear todos os estímulos que poderiam influenciar a experiência de todos os consumidores. Isso reforça a importância de o gestor conhecer muito bem seu público-alvo, pois precisa identificar os estímulos mais cruciais e com maior potencial de impacto sobre a percepção dos consumidores.

Retomando o exemplo do casal que decidiu jantar no restaurante aconchegante, imagine que, em uma mesa próxima à deles, há uma família com algumas crianças que não estão muito dispostas a fazer uma refeição tranquila. Apesar de, nesse exemplo, estarmos adotando o ponto de vista do casal, você percebe que as crianças também estão em uma experiência de consumo que precisa ser levada em consideração?

O estímulo a cada um dos cinco sentidos no ponto de venda (PDV) pode ter um grande impacto na impressão do consumidor sobre o produto ou serviço, sobre sua disposição em comprá-lo e sobre sua avaliação pós-compra. Antes de discutirmos cada um dos sentidos, é importante termos em mente que, normalmente, o estímulo a eles acontece de forma simultânea, complementando-se. O material usado em uma embalagem, por exemplo, pode ser um estímulo visual, mas também influencia a textura e, portanto, a experiência tátil.

Para saber mais

O artigo *Marketing sensorial na comunicação de marca: um ensaio teórico* é uma excelente leitura para complementar e aprofundar o que discutimos neste trecho do livro, pois apresenta uma análise sistemática da literatura científica acerca do marketing sensorial.
SARQUIS, A. B. et al. Marketing sensorial na comunicação de marca: um ensaio teórico. **Revista Brasileira de Gestão e Inovação**, v. 2, n. 3, p. 1-21, 2015. Disponível em: <http://www.ucs.br/etc/revistas/index.php/RBGI/article/view/3614>. Acesso em: 14 ago. 2019.

Visão

Estima-se que cerca de 83% das informações sobre a compra que ficam gravadas na memória do consumidor sejam adquiridas por meio da visão (Lindstrom, 2005). Com isso, é possível imaginar a importância desse sentido no processo de decisão de compra. Cores, estilos, logos, aspectos de organização e símbolos são alguns elementos visuais que podem ser citados entre tantos outros.

A forte influência da experiência visual no comportamento de compra contribuiu para o crescimento do interesse pelo *design* como uma área de estudos. Você já parou para pensar no impacto que uma embalagem pode ter em sua percepção de qualidade do produto?

Você se lembra do que falamos sobre o processamento da informação pela rota periférica no MPE? Quando o consumidor avalia duas garrafas de água mineral diferentes em um supermercado, o simples fato de uma das garrafas ter um formato diferenciado e ser de vidro em vez de plástico já diz muito sobre aquele produto. Sem analisar nenhuma informação sobre a composição da água, sua origem ou seu processo de produção, o consumidor, provavelmente, assume que a água da garrafa de vidro é de mais qualidade e, também, mais cara.

As cores, igualmente, são um importante elemento da experiência visual, pois promovem associações psicológicas e podem afetar a percepção e o comportamento humanos. As cores evocam sentimentos, humores e, até mesmo, reações fisiológicas, como o apetite. Um estudo demonstrou que consumidores percebem objetos como maiores se a cor deles for mais intensa, mesmo que o objeto com cor mais suave tenha exatamente o mesmo tamanho (Hagtvedt; Brasel, 2017).

A coerência no uso da cor na identidade visual da marca, por exemplo, ajuda o consumidor a guardá-la na memória e, até mesmo, fazer inferências sobre ela. Não é à toa que um dos tópicos mais básicos de um manual de marca é a paleta de cores usadas em sua construção.

> **Manual da marca** é um documento que registra os principais aspectos da construção de identidade de uma marca. É usado por profissionais para manter a padronização e a coerência nas diversas ações de gestão da marca.

Em alguns casos, a associação da cor com a marca é tão forte que seu nome passa a fazer parte de como as pessoas se referem àquela cor, como o vermelho intenso da Ferrari ou o azul turquesa da joalheria Tiffany & Co.

Mas não são só as cores que influenciam a percepção do consumidor. Um estudo demonstrou um fator curioso que pode dar a impressão de que um produto representa dominância (Maeng; Aggarwal, 2018). O estudo demonstrou que, quando vemos a "face" de um produto – como a visão frontal de um carro, por exemplo –, a proporção entre a altura e a largura dessa "face" é interpretada como um símbolo de dominância, o que acontece também com nossa interpretação de faces humanas. Em geral, faces cuja largura é mais acentuada são vistas como dominantes. Embora as pessoas apresentem uma tendência a evitar essas faces humanas mais dominantes, quando observamos o comportamento de consumo, elas tendem a preferir produtos que expressem essa característica. Os pesquisadores explicam esse fenômeno pela tentativa do consumidor de associar a si mesmo essa característica de dominância percebida no produto, mas, quando se trata de um rosto humano, essa característica pode ser mais ameaçadora.

Os selos de certificação são outra forma de estímulo visual bastante usada. Nesse sentido, eles servem como um elemento simbólico que transmite uma informação relevante de maneira a atrair a atenção do consumidor, considerando, é claro, que o consumidor já conhece o selo e o que significa. Esse é um mecanismo bastante importante, principalmente para consumidores que valorizam um atributo que precisa da confirmação de um órgão com credibilidade, afinal, a afirmação da própria marca é vista como não confiável.

Por exemplo, alguns consumidores podem ser especialmente preocupados com o trabalho escravo contemporâneo na linha de produção, mas, infelizmente, não podem simplesmente confiar na afirmação da marca de que não adota esse ou outros recursos análogos. Afinal, nenhuma marca assumiria usar esse tipo de mão de obra, mas, mesmo assim, são frequentes as notícias de marcas (muitas vezes, extremamente renomadas) flagradas utilizando-se dela.

Nesse caso, organizações que façam uma auditoria do processo produtivo da empresa podem fornecer uma informação mais segura para o consumidor de que uma marca, de fato, não usa trabalho escravo contemporâneo. Assim, o selo pode ser considerado pelo consumidor uma condição necessária para escolher uma ou outra marca. É comum que surjam selos de certificação para assuntos como esse, que são relevantes para o consumidor, mas nos quais é comum que as marcas mintam ou omitam informações.

Estímulos como esses estão fortemente vinculados à preocupação do consumidor com os impactos de suas atividades de consumo. Por isso, abordaremos o assunto dos selos com mais detalhes no Capítulo 6.

Os estímulos visuais podem atrair também o consumidor por meio de outro mecanismo, o do consumo conspícuo. Você possivelmente se lembra desse conceito, pois falamos sobre ele no Capítulo 1. Apenas para relembrar, o *consumo conspícuo* pode ser entendido como o processo de consumo em que o consumidor tem a intenção de mostrar algo a seus pares. Nesse sentido, alguns elementos visuais do produto podem ser fundamentais para que o consumidor deseje-o, a fim de usá-lo como estímulo visual que transmite um significado às pessoas em seu meio social.

São inúmeros os exemplos de produtos que podem ser incluídos nessa lógica. Em alguns casos, o consumidor pode buscar um sinal bastante explícito, que possa ser entendido por qualquer pessoa à sua volta, como o curioso caso do Toyota Prius, um carro híbrido que é usado por muitos consumidores como um ícone de preservação do meio ambiente. Um estudo demonstrou que o sucesso do Prius, provavelmente, está relacionado à forma como é comercializado (Griskevicius; Tybur; Van Den Bergh, 2010). O Prius é um modelo feito exclusivamente como híbrido, ao passo que os modelos híbridos de outras montadoras são uma versão de um modelo comum, ou seja, seu desenho é exatamente igual ao do modelo à gasolina. Os pesquisadores argumentam que essa característica faz com que o Prius seja mais desejado por ser um sinal claro e inconfundível de sua preocupação com a sustentabilidade.

No entanto, alguns consumidores podem preferir sinais mais sutis, que possam ser reconhecidos apenas por consumidores com um conhecimento específico (Berger; Ward, 2010). Um jogador de World of Warcraft, por exemplo, pode querer usar o símbolo de sua facção no jogo, sabendo que ele será reconhecido apenas pelas pessoas que também jogam ou que, pelo menos, estão imersas na cultura do jogo. Nesse caso, o estímulo visual se torna atraente para o consumidor porque ele vê o produto como um estímulo não para si mesmo, mas como um sinal que pode emitir àqueles que estão à sua volta.

Audição

Você já entrou em uma loja da John John? Caso você nunca tenha ouvido falar dessa marca, trata-se de uma loja de roupas voltada, principalmente, ao público jovem. Não apenas essa, mas a maioria das marcas de roupas para esse público adota a tática de reprodução de música no interior da loja. O que se pode perceber, no entanto, é que o estilo musical é bastante característico. Para esse tipo de loja, normalmente, estamos falando de músicas empolgantes e intensas, aquelas que estão fazendo mais sucesso nas rádios e, até mesmo, nas pistas de casas noturnas. A experiência de andar pelos corredores de uma dessas lojas evoca um estilo de vida agitado, urbano e boêmio, em uma clara tentativa de promover a conexão da marca com o consumidor que o assume.

Em um restaurante aconchegante, porém, o consumidor espera uma música mais coerente com a experiência oferecida. Nesse caso, é bem provável que o gerente opte por um *lounge* ou por MPB.

Você já pensou que o próprio silêncio pode fazer parte da estratégia de marketing sensorial de uma marca? Um *spa* ou uma casa de repouso, por exemplo, são lugares onde o consumidor espera tranquilidade. A composição sonora desses ambientes deve ser, portanto, coerente com essa expectativa.

Sons característicos de cada marca podem também representar um importante gatilho para que ela se mantenha presente na mente do consumidor. O toque característico do iPhone, o som do motor de uma Harley-Davidson, a famosa vinheta da 20th Century Fox antes do início de um filme são apenas alguns exemplos de uma longa lista de estímulos auditivos associados, automaticamente, a uma marca. Esse tipo de estímulo é muito importante para manter uma marca presente na mente do consumidor.

Até mesmo a utilização de um idioma pode ser considerada um estímulo auditivo (Krishna, 2012). Você já se deparou com marcas brasileiras que utilizam um *slogan* em inglês, mesmo que não operem em nenhum outro país além do Brasil? Ora, se o público dessas marcas tem como língua materna o português, qual o sentido de usar o inglês para comunicá-la? O uso da língua inglesa pode associá-la a uma imagem sofisticada e cosmopolita, o que é interessante para uma marca que quer transmitir esse conceito. Isso também é muito comum em restaurantes étnicos, como os italianos, que usam terminologias desse idioma.

De modo semelhante, marcas internacionais podem optar por manter seu *slogan* na língua de origem ao entrar no mercado brasileiro. Dessa forma, reafirmam, na mente do consumidor brasileiro, suas origens e evocam todas as associações que ele possa manter em relação a elas.

Olfato e paladar

No contexto de experiências de consumo gastronômicas, é evidente a influência de estímulos olfativos e gustativos, afinal, essa é, basicamente, a composição da experiência.

Mas não é só nesses casos que essas categorias de estímulo podem influenciar o consumidor. Você já sentiu vontade de ir à praia ao sentir cheiro de protetor solar? O olfato é um sentido muito ligado à memória, portanto a associação de um estímulo olfativo a uma experiência vivida pode fazer com que você se lembre dela por muito tempo. Considerando a experiência que o consumidor tem com a marca, seria muito interessante que ele registrasse na memória a experiência positiva (já a negativa, nem tanto).

O estímulo a esses sentidos é pouco usado por profissionais de marketing, mesmo sendo tão eficazes. O motivo para essa subutilização é, até mesmo, um pouco óbvio, eles são mais difíceis de aplicar. Estímulos visuais e sonoros são fáceis de propagar por meio de televisores, rádios, computadores e *smartphones*, dispositivos bastante difundidos entre a maioria da população. Todavia, é mais difícil alcançar o consumidor com estímulos diretos ao olfato e ao paladar, já que eles pressupõem certa proximidade. Mas e se dissermos que é justamente essa característica que dá muito poder a esses estímulos?

Antes de explicar essa relação, precisamos dar uma breve introdução ao que chamamos de *teoria do nível de construto* (Trope; Liberman; Wakslak, 2007). O nome pode parecer um pouco assustador, mas o conceito é bem fácil. Basicamente, essa teoria diz que criamos representações mentais de objetos com que interagimos. A distância psicológica com que representamos esses objetos influencia a forma como nós os percebemos.

Muito bem, agora vamos retomar o caso dos estímulos olfativo e gustativo. Como são sentidos que requerem proximidade, esses estímulos levam o consumidor a criar sua representação mental também com menor distância psicológica. A teoria do nível de construto diz que uma das dimensões de distância psicológica é a proximidade temporal e que, quando há maior distância psicológica, pensamos o objeto no contexto de um futuro mais distante, entretanto, quando a distância psicológica é menor, pensamos em um futuro mais próximo. A grande questão é que as dimensões de distância psicológica têm certa associação. Quando somos levados a uma representação mental mais próxima geograficamente, isso também influencia como percebemos a distância temporal.

Tudo isso está muito abstrato por enquanto, certo? Vamos pensar em termos mais concretos. O que queremos dizer é que, quando o consumidor sente o cheiro de café, por exemplo, vai criar uma representação mental do objeto que originou o estímulo (a xícara de café). Como, para sentir o cheiro, o consumidor precisa estar próximo, essa representação psicológica terá uma distância psicológica menor. Em razão dessa distância psicológica menor, se o estímulo despertar no consumidor o desejo de tomar uma xícara quente de café, é provável que ele pense em fazer isso em um futuro próximo, como na mesma tarde, em vez de no dia seguinte. Porém, estímulos mais distantes, como visuais e auditivos, levam o consumidor a pensar em termos mais futuros (Elder et al., 2017). A boa notícia é que, como se trata da distância psicológica da representação do objeto, não é preciso que o sentido seja ativado diretamente. Simplesmente levar o consumidor a imaginar determinada sensação, mesmo que com palavras, é suficiente para gerar o efeito desejado.

Elder et al. (2017) realizaram um experimento em que divulgaram a certas pessoas um festival de verão. Para algumas delas, foi dito que o festival aconteceria no fim de semana seguinte, e, para outras, foi dito que aconteceria apenas no ano seguinte. O anúncio também era diferenciado em duas condições: algumas pessoas foram estimuladas a pensar nos sabores que sentiriam, e outras foram levadas a imaginar os sons que ouviriam.

Os consumidores que imaginaram o estímulo ao paladar demonstraram mais interesse em participar do evento se acontecesse no fim de semana seguinte, ao passo que aqueles que imaginaram o estímulo sonoro não apresentaram interesse em um futuro tão próximo, mas sim se o evento acontecesse no ano seguinte.

Tato

O toque exerce uma função muito importante na forma como o ser humano interage com o meio. Mais do que uma forma de reconhecer o ambiente, o toque é uma necessidade e uma representação de afeto. Um estudo realizado com macacos bebês demonstrou que eles valorizavam o afeto da mãe mais do que a nutrição (Harlow, 1958). Os bebês foram colocados em um ambiente com dois bonecos representando sua mãe. Um boneco envolto em um cobertor (para representar o acolhimento caloroso da mãe), porém sem alimento, e outro feito de arame, mas contendo uma mamadeira pela qual o filhote poderia alimentar-se. Descobriu-se que os filhotes recorriam à mãe de arame apenas para a alimentação, mas logo buscavam o conforto da mãe com o toque acolhedor.

No contexto de consumo, o toque pode servir a um propósito meramente funcional de avaliar as características do produto, mas também pode representar uma posse simbólica para o consumidor. A partir do momento em que o consumidor retira o produto da prateleira do supermercado e o coloca em seu carrinho, é como se, de alguma forma, já se sentisse dono desse produto.

Para saber mais

Para uma discussão muito interessante sobre o marketing sensorial no PDV, recomendamos o vídeo sobre o tema, produzido pela TV Uninter, no programa Tendência & Mercado. Indicamos também a leitura do artigo *Descubra como é "produzido" o cheiro de carro novo*, de Elias Nascimento.

TV UNINTER. Marketing sensorial. **Programa Tendência & Mercado**, 8 ago. 2014. Disponível em: <https://youtu.be/zussPo4zQ24>. Acesso em: 14 ago. 2019.

NASCIMENTO, E. Descubra como é "produzido" o cheiro de carro novo. **Megacurioso**, 21 abr. 2019. Disponível em: <https://www.megacurioso.com.br/carros/90623-descubra-como-e-produzido-o-cheiro-de-carro-novo.htm>. Acesso em: 14 ago. 2019.

Síntese

As pessoas desempenham papéis no processo de decisão de compra. Entender como esses papéis se constroem e como influenciam a efetivação de uma compra são pontos essenciais para o profissional de marketing, afinal, o desenho da estratégia deve levar em consideração como essa influência acontece no caso específico de sua atuação.

O consumidor pode desempenhar os papeis de usuário, comprador e pagante, respectivamente quem vai usufruir dos benefícios do produto, quem vai avaliar as alternativas e decidir a compra e quem vai finalizar a transação com o pagamento. Esses papéis não são excludentes, podendo a mesma pessoa desempenhar mais de um ou, até mesmo, todos eles.

O processo de decisão de compra depende também do tipo de compra. Em algumas situações, o consumidor busca uma solução para um problema relativamente simples, que exige pouco esforço cognitivo e envolvimento, nesse caso, trata-se da solução de problema limitada. Em outros casos, a compra é altamente complexa e, para chegar a uma decisão, o consumidor precisa empenhar grande esforço cognitivo, além de ter um alto envolvimento, o que caracteriza a solução de problema ampliada. Como um ponto intermediário desse contínuo, temos a solução de problema de médio alcance.

Também destacamos os principais métodos de pesquisa usados para desvendar o comportamento de consumo. De maneira genérica, podemos classificar uma pesquisa como exploratória, descritiva ou causal, de acordo com seu propósito. A pesquisa exploratória busca conhecer em profundidade determinado tema, levantando todas as dimensões envolvidas. Já a pesquisa descritiva busca descrever como algumas variáveis se manifestam em uma população, ou seja, saber as características dessa população em relação a essas variáveis. Por sua vez, a pesquisa causal busca evidências de relação entre variáveis, ou seja, investiga como o comportamento de uma variável influencia o comportamento de outra.

Discutimos também o modelo da probabilidade da elaboração, que ajuda a entender como processamos as informações que recebemos e como esse processamento influencia nossa resposta. Basicamente, um estímulo pode ser processado pela rota central, o que envolve maior esforço cognitivo, de modo que elaboramos de maneira mais ativa a informação. A rota periférica é aquela pela qual uma informação é processada com pouca elaboração, ou seja, não envolve muito esforço cognitivo, de modo que a interpretação assume uma forma mais intuitiva.

Por fim, discutimos o impacto dos elementos sensoriais no PDV. O estímulo aos cinco sentidos pode ser orquestrado para aumentar a eficácia das ações de marketing de uma marca. Obviamente, a possibilidade de usá-los varia muito, dependendo do produto e do canal que se promove, por isso identificar quais os sentidos relevantes para o seu contexto é um exercício contínuo.

Questões para revisão

1. Vitória deseja comprar um presente para sua sobrinha, que completará 3 anos de idade. Ao passar por uma loja de brinquedos de um *shopping center*, ela escolhe um brinquedo que acredita que estimulará a capacidade de raciocínio lógico da sobrinha. Após realizar o pagamento, Vitória vai à casa de seu irmão para entregar o presente e está ansiosa para ver a reação de sua sobrinha. Com base nesse contexto, avalie as afirmações a seguir:
   I. Vitória exerce o papel de usuária.
   II. Vitória exerce o papel de compradora.
   III. Vitória exerce o papel de pagante.

Agora, assinale a alternativa que apresenta somente os itens corretos:

a. III.
b. I e II.
c. I e III.
d. II e III.
e. I, II e III.

2. Aline levanta todos os dias 15 minutos antes do necessário porque gosta de começar o dia com um ritual de preparação de café em sua prensa francesa. Ao notar que seu café está acabando, Aline percebe que é hora de voltar à cafeteria onde compra seus grãos. O tipo de compra desempenhado por Aline, nessa situação, é:

a. compra inicial.
b. compra repetida.
c. compra por impulso.
d. busca de variedade.
e. compra de alta complexidade.

3. Avalie as afirmativas a seguir e a relação entre elas.

I. O marketing sensorial é uma ferramenta sutil de influência da atitude e do comportamento do consumidor.

PORQUE

II. O marketing sensorial oferece estímulos e informações que são processadas pela rota periférica para a persuasão.

Agora, assinale a alternativa correta:

a. As afirmativas I e II são proposições verdadeiras, e a II é uma justificativa correta da I.
b. As afirmativas I e II são proposições verdadeiras, mas a II não é uma justificativa correta da I.
c. A afirmativa I é uma proposição verdadeira, e a II é uma proposição falsa.
d. A afirmativa I é uma proposição falsa, e a II é uma proposição verdadeira.
e. As afirmativa I e II são proposições falsas.

4. Paulo deseja comprar uma nova cadeira para seu *home-office*. Como tem pouco tempo disponível para sair de casa e visitar *showrooms* de lojas físicas, decide fazer uma pesquisa pela internet a fim de fazer a compra. Identifique em que fase do processo de decisão de compra Paulo está e avalie o que uma fabricante de móveis que comercializa seus produtos pela internet pode fazer para influenciar o comportamento de Paulo.

5. Imagine que você é responsável por desenvolver uma campanha de marketing digital para uma loja de chocolates. A campanha deve envolver uma grande participação da marca nas principais redes sociais e também um aprimoramento da loja *on-line*. Considerando o processo de decisão de compra desse tipo de consumidor, explique quais seriam os aspectos a serem ponderados no desenvolvimento da campanha.

Questão para reflexão

1. A experiência do consumidor no PDV é um fator crucial do processo de decisão de compra, pois os estímulos que recebe nesse ambiente têm grande influência sobre a escolha. No entanto, para conhecer os resultados de uma intervenção no PDV, é preciso medir o real impacto da ação sobre o desempenho. Nesse sentido, de que forma você avaliaria a eficácia de uma ação voltada aos estímulos sensoriais no PDV?

capítulo 5
consumidores e marcas

Conteúdos do capítulo:

- » Processos de aprendizagem: como o consumidor memoriza um conteúdo.
- » Relação do consumo com o autoconceito e a autoimagem do consumidor.
- » Como desenvolver laços significativos de relacionamento com a marca.
- » Marca como elemento central da interação de um grupo.
- » Perspectivas para a gestão de marcas.

Após o estudo deste capítulo, você será capaz de:

1. analisar como a autopercepção do indivíduo influencia seu comportamento de consumo;
2. identificar os tipos de relações que ocorrem entre os consumidores e as marcas;
3. compreender as vantagens de levar o consumidor a se envolver com a marca;
4. reconhecer o papel das comunidades de marca e saber como tirar o melhor proveito delas;
5. ampliar a visão sobre o futuro das marcas.

Quem não é visto não é lembrado, certo? Por outro lado, ser visto também não é garantia de ser lembrado. Como, então, os profissionais de marketing podem desenvolver ações eficazes para desenvolver laços profundos e significativos com seus consumidores? Neste capítulo, vamos discutir os processos cognitivos que atuam na criação desses laços. Durante a leitura, reflita sobre como esse conhecimento contribuirá para sua prática profissional.

Aprendizagem e memória

A quantos comerciais você assistiu hoje? Considerando o crescimento do uso da internet, é bastante possível que você não tenha ligado a televisão ou talvez sequer tenha uma televisão, pois consome seus conteúdos direto por plataformas de *streaming*. Nesse caso, enquanto navegava por páginas, *blogs*, redes sociais, com quantas propagandas você se deparou?

Mesmo que você consiga responder a essa pergunta com um número, é bem possível que ele esteja errado. Somos diariamente atacados por um volume expressivo de tentativas de persuasão das marcas. Muitas dessas propagandas que chegaram até você são de produtos ou serviços que você nem imagina um dia consumir. Percebe o quão desafiador pode ser para uma marca chegar até você, conquistar sua atenção e, claro, influenciar seu comportamento de consumo?

Para aumentar a eficácia de uma propaganda, é preciso entender como os consumidores aprendem com suas experiências de consumo anteriores e como esse processo de aprendizagem pode influenciar seu comportamento em experiências futuras. Engel, Blackwell e Miniard (2000, p. 335) definem *aprendizagem* como "o processo pelo qual a experiência leva a mudanças no conhecimento, atitudes, e/ou comportamento".

Antes de passarmos aos processos de aprendizagem propriamente ditos, precisamos fazer uma diferenciação entre duas abordagens teóricas sobre aprendizagem: a cognitiva e a behaviorista.

A **abordagem cognitiva** considera que a aprendizagem se baseia nos conhecimentos adquiridos com as experiências. Portanto, para entender a aprendizagem, é preciso compreender como as pessoas recebem, processam e guardam as informações recebidas.

A **abordagem behaviorista** ignora os processos mentais e foca o comportamento observável. Essa abordagem considera a relação entre os estímulos e os comportamentos para inferir o resultado que esses estímulos podem ter sobre as pessoas. Em outras palavras, o behaviorismo observa como a interação do sujeito com o ambiente influencia seu comportamento, mas sem considerar processos mentais que possam acontecer durante essa interação, já que esses processos não podem ser observados diretamente. Entretanto, a abordagem cognitiva tenta desvendar esses processos cognitivos que surgem da interação do sujeito com o estímulo ambiental.

Aprendizagem cognitiva

A aprendizagem cognitiva é a que podemos observar com mais facilidade nas ações de marketing do dia a dia. A maior parte das propagandas têm uma intenção clara de inserir uma informação na mente do consumidor para, assim, tentar influenciar seu comportamento.

O mais importante, em um primeiro momento, é aumentar as chances de fixação dessa informação na memória do consumidor e, para isso, a repetição é uma técnica muito usada. Quando a pessoa se concentra na informação e empenha grande esforço cognitivo em processá-la, provavelmente não será preciso repeti-la várias vezes para que seja gravada, mas sejamos sinceros: não é isso que acontece na maioria dos casos em que somos expostos à informação de uma marca. Por isso, é importante repetir a mensagem, porém é preciso ter cuidado, pois, em demasia, pode chegar a um ponto de saturação e irritar o consumidor.

As marcas tentam abordá-lo quando você navega pelas redes sociais, dirige, passa em frente a uma loja e em várias outras situações nas quais você está concentrado em outras informações. No entanto, à medida que a informação é repetida vez após vez, vai ganhando familiaridade, mesmo que você não esteja tão concentrado.

As palavras usadas no processo de comunicação fazem toda a diferença na retenção da informação, pois é mais fácil memorizar termos com conceitos mais concretos, como *café, gato, móveis* etc., do que abstratos, como *felicidade, charme, imaginação* etc. No entanto, essa teoria é traiçoeira.

Como podemos, na condição de gestores, saber se as ações de uma empresa estão sendo eficazes na fixação da sua marca na memória do consumidor? Para isso, é preciso, antes de tudo, definir que tipo de lembrança do consumidor queremos medir.

Por vezes, o consumidor pode lembrar da marca de maneira espontânea, como quando alguém lhe pergunta qual sua marca de refrigerantes favorita e você consegue responder apenas recorrendo à sua memória, ou seja, sem precisar de nenhum estímulo externo que lhe faça recordar a marca. Para esse tipo de lembrança, normalmente, usamos o termo em inglês *recall*, ou seja, *recordação*.

Contudo, é possível que o consumidor não consiga se lembrar claramente de determinada marca, mas, ao vê-la, reconhece prontamente. Para esse tipo de lembrança, usamos o termo em inglês *recognition*, ou seja, *reconhecimento*. Em alguns casos, esse tipo de lembrança já é o suficiente para agir como um fator decisivo na escolha do produto no PDV.

Abordagem behaviorista

A teoria comportamental não se aprofunda na busca pelas causas dos comportamentos, para essa abordagem, a forma como agimos e reagimos ante às situações é um resultado dos estímulos ambientais a que estamos sujeitos, e são esses estímulos que reforçam as ações e as respostas desejadas ou indesejadas. Essa visão teórica compreende a psique como uma estrutura que aprende a responder aos estímulos e aos reforços vinculando-os a premiações e a punições. Dessa forma, é preciso planejar como o estímulo será apresentado ao consumidor para ter a melhor resposta, ou seja, o comportamento dele.

Cuidar dos estímulos oferecidos, disponibilizados ou apresentados ao consumidor, nessa linha teórica, é essencial para que se obtenham dele as melhores respostas. Assim, são produzidas associações mentais significativas e poderosas que têm como resultados respostas esperadas por quem planejou tais estímulos (Fontenelle, 2008). Sob a ótica behaviorista, entendemos que as pessoas apresentam respostas comportamentais e fisiológicas a estímulos do ambiente, mas o que isso tem a ver com as marcas?

A abordagem behaviorista pressupõe que a associação do estímulo ao comportamento cria um cenário que condiciona esse comportamento a uma resposta natural a esse estímulo. No entanto, há também a possibilidade de associar outro estímulo a esse cenário, que não necessariamente está relacionado ao condicionamento principal. As marcas podem, então, desenvolver ações em que a própria marca esteja associada a outros estímulos para se beneficiar do comportamento resultante.

Muito abstrato? Imagine um pai que, sempre que seu filho fica doente, prepara para ele um prato de mingau de aveia. Com o passar dos anos, a criança e, posteriormente, o adulto que ela se tornará, percebe que sempre que fica doente sente vontade de tomar mingau de aveia. O estímulo do mingau, por estar associado à experiência de ficar doente, pode tornar-se um comportamento condicionado.

Se você vai a um restaurante que oferece um *couvert* muito típico, você pode ficar surpreso se, em algum momento, tiver vontade de ir a esse restaurante ao comer a mesma iguaria na casa de seus pais.

O eu, personalidade e estilo de vida

Você, como todas as pessoas, tem uma imagem de si mesmo. Como você se vê e como se sente com relação às identidades que assume são componentes do que chamamos de *autoconceito* ou *self* (Solomon, 2008). A construção desse autoconceito resulta em duas imagens: o eu real e o eu ideal. Você, certamente, vai se identificar de alguma forma com essa divisão. O **eu real** é a representação de como realmente se é, ou seja, como a pessoa se percebe em seu estado atual; já o **eu ideal** é a representação do que uma pessoa deseja ser, isto é, uma projeção de imagem ideal para o eu.

Até agora falamos de um conceito que se aplica à construção do indivíduo, mas como isso influencia o comportamento de consumo de alguém? Qual a relevância desse conhecimento para a gestão de uma marca?

Essa representação que temos de nós mesmos afeta diretamente nosso comportamento de consumo. Em um estudo extremamente influente no conhecimento que temos hoje sobre o comportamento de consumo, Belk (1988) propôs que as pessoas costumam usar suas posses como extensões de seu eu.

O consumo é uma forma importante de expressão de quem somos, fato bastante perceptível no mundo da moda, por exemplo. Quando você caminha pela rua, quantas especulações pode fazer sobre as pessoas baseando-se apenas na forma como se vestem? Mais do que isso, quanto de sua identidade você comunica pela maneira como se veste?

Você já ouviu a frase "Vista-se para o emprego que você quer ter, e não para o emprego que você tem"? Ela carrega o significado do eu real em oposição ao eu ideal. Todos nós temos uma identidade que gostaríamos de ter ou um papel que gostaríamos de assumir; o estagiário que acaba de começar a trabalhar em uma multinacional sonha com o dia em que será contratado e com os diversos cargos que pode assumir durante sua carreira (quem sabe até diretor?). Essas identidades e esses papéis que a pessoa sonha conquistar são, justamente, o eu ideal, e a identidade e o papel exercidos atualmente representam o eu real.

Nossa identidade, no entanto, é algo bastante privado. Naturalmente, o conhecimento de nossas ambições e de nossos desejos, de quem somos ou queremos ser, é um conhecimento particular e individual, mas não nos contentamos com isso, queremos comunicar a percepção sobre o nosso eu. Para tanto, nosso comportamento de consumo e, também, as marcas que escolhemos têm grande potencial, uma vez que funcionam como uma ferramenta para tornar públicos esses conceitos tão particulares.

O estagiário que acabou de entrar na empresa, por exemplo, pode perceber que os gerentes usam apenas marcas como Dudalina, Brooksfield e Tommy Hilfiger. Em uma tentativa de se associar a esse papel que faz parte de sua construção de eu ideal, ou seja, a pessoa que deseja se tornar, essas marcas podem parecer mais atraentes.

Obviamente, a mera utilização de uma dessas marcas não mudará a realidade do cargo ocupado, nem o papel exercido dentro da organização, além de, provavelmente, não ser um fator determinante para a promoção desejada. Entretanto, essas marcas podem tornar-se mais atraentes simplesmente pelo fato de representarem uma associação a essa identidade almejada. Ainda que inconscientemente, o estagiário está desenvolvendo uma configuração mental que lhe faz sentir mais próximo de seu eu ideal, mesmo que, na prática, ele ainda tenha um longo caminho pela frente.

Nesse ponto, você deve ter percebido a importância da construção da identidade da marca. Qual "eu" a marca representa? Sabendo que as pessoas buscam o consumo como uma forma de reforçar ou se aproximar de determinadas identidades e papéis, o gestor da marca pode buscar compreender os anseios e as percepções de seu público-alvo.

Uma propaganda de perfume, por exemplo, dificilmente vai conseguir expressar os atributos funcionais do produto. Nesse caso, a personificação por meio de determinado perfil torna-se uma ferramenta poderosa de identificação com o público. Para isso, obviamente, é preciso que ela represente um perfil que seja justamente aquele com o qual seu público deseja associar-se.

Veja a marca de perfumes Hugo Boss, por exemplo. Se tiver curiosidade, acesse o YouTube e procure a campanha *Man of Today* (Homem de hoje) dessa marca. Nas propagandas em vídeo, é impossível que o consumidor tenha acesso à sensação de usar o perfume. Em vez disso, as propagandas apresentam um perfil de homem que seria o usuário da marca: homem de negócios, aparentemente bem-sucedido e cosmopolita. Percebe como a fragrância em si fica totalmente em segundo plano? É como se o que está sendo vendido fosse a comunicação de uma identidade, um sinal de que o usuário faz parte de um grupo de pessoas com esse perfil.

Quanto maior o potencial do produto de associar-se a uma identidade que o consumidor percebe em si mesmo e deseja reforçar, mais o sentimento de posse pode fazer o consumidor percebê-lo como parte integrante de seu eu. Podemos resumir o ponto central dessa discussão da seguinte forma: as marcas carregam associações que ajudam os consumidores a expressar e comunicar quem são, bem como se aproximar do autoconceito que desejam alcançar.

Parte da construção dessa imagem que a pessoa desenvolve de si mesma está associada à sua personalidade, que pode ser definida como um padrão de reação que a pessoa desempenha em relação aos estímulos ambientais (Sheth; Mittal; Newman, 2008). A personalidade é como uma tendência a agir de determinada forma em dada situação e influencia diretamente o estilo de vida adotado pelo consumidor. Pessoas mais extrovertidas, por exemplo, provavelmente, preferirão uma vida social mais intensa, o que moldará seu estilo de vida e a forma como se relaciona com seu meio.

Evidentemente, conhecer a personalidade e o estilo de vida de um público-alvo é essencial para que a marca desenvolva estratégias de segmentação de mercado, pois, dessa forma, pode comunicar os atributos que são mais relevantes para o estilo de vida adotado por seus potenciais clientes. Mas o impacto disso para a gestão das marcas vai muito além. Segundo Aaker (1997), as marcas também assumem determinada personalidade aos olhos do consumidor. Na prática, isso quer dizer que uma marca pode ser utilizada pelo consumidor também como um modo de assumir e vivenciar uma personalidade que entenda ser coerente com seu estilo de vida.

Envolvimento com a marca

A marca é uma maneira de ativar mais facilmente as associações que os consumidores fazem sobre empresa. A impressão que o consumidor tem da marca serve como um atalho para ele presumir uma série de informações sobre um produto, que, simplesmente pelo fato de ser "assinado" pela marca, ele acredita serem verdadeiras.

Esse diferencial que a marca pode proporcionar a um produto é o que chamamos *brand equity* (Kotler; Keller, 2006). Podemos dizer que *brand equity* é o valor da marca, ou seja, o algo a mais que o consumidor percebe em um produto pertencente a determinada marca se comparado a um produto idêntico de sua concorrente. Para exemplificar, imagine dois copos de refrigerante absolutamente idênticos: um deles é associado a uma marca, e o outro, não. O valor a mais percebido pelo consumidor no produto da marca é o *brand equity*. Consequentemente, o gerenciamento do *brand equity* é o desenvolvimento de ações voltadas a aumentar esse valor percebido.

Uma das atividades do processo de construção de uma marca relevante é o desenvolvimento do que chamamos de uma *personalidade de marca*. Os consumidores percebem nas marcas traços de personalidade, como as personalidades humanas (Aaker, 1997), e essa personalidade percebida influencia diretamente o modo como o consumidor percebe e se relaciona com a marca. Por exemplo, Aaker, Fournier e Brasel (2004) demonstraram que o fato de a marca ser percebida como sincera ou emocionante influencia tanto o tipo de relacionamento construído pelos consumidores com ela quanto a reação deles a uma falta que ela possa cometer.

Para entender melhor esse caso, vamos conversar um pouco sobre o que seria uma marca sincera e uma marca emocionante. A personalidade de marca sincera é aquela em que o consumidor percebe uma grande preocupação com a qualidade do relacionamento. Essa personalidade salienta traços como confiabilidade, cordialidade e dependência, além de uma clara valorização de suporte mútuo. A personalidade de marca emocionante, entretanto, é profundamente marcada por uma energia e uma jovialidade intensas. Marcas como Enjoei e VH1, que procuram manter certo tom de desprendimento e informalidade, normalmente são associadas a essa personalidade.

O estudo demonstrou que, quando a marca é percebida como sincera, os consumidores são mais propensos a desenvolver relacionamentos mais estáveis e de longo prazo, como verdadeiras amizades, ao passo que marcas vistas como emocionantes tendem a atrair relacionamentos mais momentâneos, como pequenos casos amorosos.

Talvez o fato mais intrigante desse estudo esteja na reação dos consumidores quando as marcas mostraram um comportamento considerado falho, ou seja, "pisaram na bola" com o consumidor. Eles mostraram-se mais propensos a perdoar uma falta cometida por uma marca com personalidade emocionante. Isso acontece porque os consumidores esperam de uma marca sincera um vínculo maior de confiança; já de marcas com personalidade emocionante deslizes são, de certa forma, até mesmo esperados, o que torna a falta menos grave.

Mas o que seria, afinal de contas, o relacionamento do consumidor com a marca?

O termo *relacionamento com a marca* é uma metáfora usada para nos referirmos a casos em que ela é vista pelo consumidor como uma parceira de relacionamento. Fournier (1998) mostrou evidências de que, por mais fantasioso que pareça, muitas vezes, os consumidores criam com as marcas laços que são muito parecidos com os que desenvolvem com as pessoas à sua volta, demonstrando que essa interação vai muito além da mera identificação de procedência. Consumidores podem desenvolver uma relação de interdependência com a marca e, até mesmo, de afeto, o que pode ser tão intenso a ponto de ser considerado amor à marca (Batra; Ahuvia; Bagozzi, 2012). Certamente, precisamos considerar também que nem sempre o relacionamento que surge entre o consumidor e a marca é carregado de sentimentos positivos. Da mesma forma que podemos desenvolver apego, podemos desenvolver também aversão a certas marcas (Park; Eisingerich; Park, 2013).

O desafio que fica para os profissionais é identificar o que exatamente é capaz de promover esse envolvimento em seu público, afinal, o que atrai determinado público pode ser o que gera aversão em outro. A usabilidade intuitiva dos equipamentos da Apple, um dos grandes atributos que atrai para a marca fãs, pode ser justamente o que a torna pouco atraente para usuários com um nível de *expertise* mais avançado, que podem optar por sistemas operacionais Android, por exemplo, já que também oferecem certa facilidade de uso e, ao mesmo tempo, permitem mais liberdade na alteração de configurações. Em casos um pouco mais extremos, o consumidor pode optar por um sistema operacional Linux, justamente para reforçar sua imagem de *expertise*, já que o sistema não é dos mais amigáveis.

A marca Hummer, fabricante de veículos *off-road* famosos por sua baixíssima eficiência energética, é um caso que ilustra muito bem a dualidade de amor e ódio que uma marca pode gerar (Luedicke; Thompson; Giesler, 2009). Para os entusiastas da marca, ela representa valores profundamente arraigados na cultura estadunidense, como liberdade e individualismo, mas para alguns consumidores ela inspira revolta, uma vez que reflete irresponsabilidade com o uso de recursos limitados e com a preservação do meio ambiente. Nesse caso, segundo Luedicke, Thompson e Giesler (2009), a marca acaba assumindo um papel de mediadora de um conflito moral entre esses grupos.

Fournier (1998) identificou também que o relacionamento do consumidor com a marca pode depender não somente da forma como a marca constrói sua imagem, mas também da fase de vida em que a pessoa se encontra. A pesquisadora estudou com profundidade a relação de três mulheres – uma adolescente, uma adulta e uma idosa – com as marcas que elas utilizavam. Nos três casos, foi possível perceber várias características próprias da fase de vida da consumidora influenciando a forma como ela se relacionava com as marcas que consumia.

Por exemplo, a adolescente era a mais disposta a se aventurar com novas marcas, trocando, eventualmente, a que usava frequentemente e, depois, voltando a usá-la. A vida da consumidora adulta, imersa em uma série de preocupações do dia a dia, apareceu associada a uma utilização bastante pragmática das marcas. A consumidora apresentava baixo nível de comprometimento, buscando uma ótica bastante utilitária em seu relacionamento com as marcas, focando apenas em conseguir boa relação de custo *versus* benefício. Já a consumidora mais idosa, apresentou alto nível de comprometimento com as marcas, e a algumas delas ela se mantinha fiel há décadas, principalmente, às associadas à sua própria identidade. A estabilidade em sua vida refletia também a estabilidade que buscava no relacionamento com as marcas.

Os relacionamentos com marcas, assim como os relacionamentos interpessoais, assumem determinadas regras, que, muitas vezes, estão apenas implícitas, por isso é preciso tomar um cuidado especial (Aggarwal, 2004). As normas que regem os relacionamentos dependem do tipo destes, podendo ser classificados, teoricamente, em duas categorias: (1) comunais e (2) transacionais.

Relacionamentos **transacionais** são os mais frequentes na visão clássica de marketing. Neles, a empresa oferece ao consumidor algo que tenha valor para ele e, por sua vez, ele oferece à empresa uma quantidade proporcional em dinheiro, ou seja, cada parte espera receber em troca algo de valor proporcional ao que ofereceu. Como o nome sugere, essa relação é baseada, meramente, na transação que ocorre. Cada parte está interessada, simplesmente, no benefício prático que a outra pode oferecer, mas sem interesse em desenvolver um relacionamento mais profundo. Não é surpreendente que a metáfora desse tipo de relacionamento seja usada no marketing, afinal, a transação é uma das características mais salientes dessa área.

Um tipo de relacionamento não tão intuitivo no marketing é o relacionamento **comunal**. Nesse caso, podemos pressupor um nível de intimidade maior, e o benefício que uma parte oferece à outra é uma forma de demonstrar que se preocupa e se importa com ela, não com o que ela possa oferecer em troca. Se, por um momento, parece absurdo dizer que esse tipo de relacionamento pode acontecer no contexto de mercado, pense nos inúmeros casos de empresas que começam por meio de *crowdfunding*.

> *Crowdfunding* é uma modalidade de financiamento em que o empreendedor pede ao público (normalmente, via plataformas na internet) os recursos necessários para começar seu empreendimento. Nesses casos, geralmente, os consumidores contribuem pelo fato de terem interesse em que o negócio prospere, já que gostariam de ver aquela oferta disponível no mercado. Em algumas situações, o empreendedor até oferece alguma recompensa em troca da contribuição, mas, normalmente, a recompensa não tem um valor proporcional à contribuição e acaba sendo mais um gesto de agradecimento do que uma recompensa transacional.

Mesmo no caso de marcas consolidadas, observamos grupos de consumidores entusiastas, pessoas dispostas a fazer pela marca mais do que aquilo que seria esperado de uma relação transacional, até mesmo advogando por ela (Muniz; O'Guinn, 2001).

Aggarwal (2004) demonstrou, em seu estudo, que a transgressão a essas normas implícitas de relacionamento pode trazer sérios prejuízos à marca. Mais especificamente, os consumidores que julgavam ter um relacionamento comunal com a marca, mas perceberam, no comportamento da empresa, sinais de relacionamento transacional (como cobrar uma taxa por um pequeno favor), avaliaram-na de forma mais negativa do que aqueles em que a marca agiu de forma coerente com o relacionamento comunal.

Isso traz implicações gerenciais claras que, frequentemente, são ignoradas por gestores, mesmo de marcas bastante consolidadas. Se uma companhia aérea diz a seu cliente que, para ela, ele é mais do que um número, porém cobra dele taxas exorbitantes para qualquer pequena alteração ou favor que peça, é melhor se preparar para "discutir a relação".

Papel das comunidades de marca

Podemos definir *comunidade de marca* como "uma comunidade especializada, não geográfica, baseada em relações sociais entre admiradores de uma marca" (Muniz; O'Guinn, 2001, p. 412). Quando trabalhamos esse conceito, basicamente, referimo-nos a pessoas que têm o interesse por uma marca como o principal elo que as une. E qual a relevância de uma comunidade de marca para a gestão?

A criação de uma identidade de grupo forte pode estreitar os laços que o consumidor desenvolve com a marca. Quanto mais o consumidor adota a marca como elemento de identidade coletiva, mais ele percebe sua relação com ela como parte da sua própria identidade.

Muniz e O'Guinn (2001) investigaram as comunidades de algumas marcas e descreveram características fundamentais dessas comunidades: consciência compartilhada, rituais e tradições e senso de responsabilidade moral.

A **consciência compartilhada** é um fenômeno que surge da identidade de grupo, fortalecida pela constituição da comunidade de marca. Essa é a extensão de um mecanismo presente naturalmente nos seres humanos: a necessidade de filiação a um grupo. Ele nos leva a identificar os fatores que nos conectam àqueles que consideramos nosso grupo e a reforçar esses fatores, com duas intenções claras: reforçar o pertencimento ao grupo e destacar que não pertencemos ao grupo "oposto".

O que acontece, nesse caso, é que o indivíduo, de certa forma, passa a definir sua identidade pessoal com base em sua identidade de grupo. Isso não é uma exclusividade do grupo que se forma em torno de uma marca, mas de qualquer grupo a que pertencemos que apresenta uma identidade clara.

Esse tipo de distinção tende a ser mais forte no contexto de marcas que têm uma clara rival, como Apple e Microsoft. A rivalidade chega a ser tão grande que entusiastas da Apple criam *websites* dedicados a atacar e satirizar a Microsoft.

Mas, obviamente, essa consciência é compartilhada em níveis diferentes para cada membro da comunidade – alguns podem considerar a identidade grupal parte central de sua identidade, outros podem considerar o envolvimento com a comunidade uma forma mais secundária de satisfazer suas necessidades sociais. Essa diferenciação atua nessas comunidades como um mecanismo de distinção entre os membros centrais e os marginalizados, embora isso não aconteça em todas elas.

Para esclarecer esse processo, imagine que, em uma comunidade de marca, eventualmente, surjam características que a comunidade considera como dos usuários verdadeiros, sendo os membros que não interpretam esse papel considerados inferiores no contexto do grupo. Por exemplo, fãs de Harry Potter que tenham apenas assistido aos filmes da série, sem ler os livros, podem ser considerados menos fãs do que aqueles que os leram, estes ainda podem ser considerados menos fãs do que aqueles que, além de lerem os livros, leram também os livros paralelos, como *Os contos de Beedle, o bardo* e *Quadribol através dos séculos*.

Os **rituais** e as **tradições** são formas de manter, consolidar e reproduzir os significados compartilhados por uma comunidade. Especificamente nas comunidades de marca, esses processos, frequentemente, envolvem experiências de consumo compartilhado. Você, com certeza, já se deparou com imagens na internet de pessoas fantasiadas de personagens de jogos, filmes ou séries em eventos voltados às comunidades dessas franquias. Esses eventos, de certa forma, podem servir como rituais em que os consumidores se engajam, a fim de compartilhar sua paixão.

Fãs da série de livros *O guia do mochileiro das galáxias* comemoram o chamado *dia do orgulho nerd* carregando uma toalha em sua mochila, como uma referência à obra. A comemoração desse dia também ilustra outra característica dos rituais de comunidades de marca: a comemoração de sua história.

Essas comunidades podem gerar, também, um **senso de responsabilidade moral**, ou seja, o sentimento de que os membros da comunidade devem oferecer auxílio mútuo. Isso, normalmente, fica evidente quando os membros percebem o dever de integrar e manter os novos membros e ajudar a comunidade a extrair os maiores benefícios da marca. Usuários de Photoshop, por exemplo, podem integrar comunidades em que os mais experientes ajudam os iniciantes, compartilhando técnicas, atalhos e formas de evitar ou resolver erros que possam acontecer no *software*.

Você deve estar pensando como, exatamente, essas comunidades podem gerar valor para as marcas. Elas nutrem práticas que podem ter efeitos muito positivos para a marca, como indicam Schau, Muñiz Júnior e Arnould (2009) em um estudo que aponta o surgimento, nessas comunidades, de processos de evangelização da marca, em que os consumidores se engajam ativamente em atividades de divulgação de seus benefícios, a fim de atrair novos consumidores.

Por meio de práticas de condecoração dos membros, as comunidades ajudam também a promover mais envolvimento do consumidor com a marca. É comum que esses grupos atribuam certos marcos, que são conquistados pelos consumidores a cada nível de envolvimento ou experiência alcançado com a marca. Consequentemente, o consumidor busca envolver-se mais com a marca como uma forma de aprimorar seu *status* no grupo.

Vale também destacar que, por meio dos compartilhamentos de experiências e de modos de uso da marca, os consumidores conseguem enriquecer sua própria experiência com ela. É comum que essas comunidades disseminem dicas de cuidado com seus produtos, por exemplo, o que ajuda o consumidor a extrair maior valor de determinada marca.

Futuro das marcas

O mundo continua passando por mudanças, e elas são constantes e progressivamente aceleradas. As tecnologias estão cada vez mais disseminadas e acessíveis, o que tem impactado, consideravelmente, a relação das marcas com os consumidores e vice-versa.

Uma das implicações mais claras que percebemos do avanço das tecnologias sobre as marcas é o forte poder de disseminação de informações referentes a elas. Conteúdos que interessem ao consumidor podem viralizar e, rapidamente, alcançar grande número de pessoas a um custo relativamente baixo. Pense nas implicações disso para o marketing boca a boca.

Tradicionalmente, o marketing boca a boca é visto como um excelente mecanismo para aumentar as chances de sucesso de uma marca, afinal, é uma forma eficaz de influenciar a atitude do consumidor em relação a ela (Herr; Kardes; Kim, 1991). Agora, imagine o potencial desse tipo de processo quando o consumidor conta sua experiência via internet. Ao contrário do boca a boca tradicional, em que a informação é transmitida a poucos contatos, no ambiente *on-line* apenas uma postagem sobre determinada marca é suficiente para que uma parcela muito maior da rede de contatos tenha acesso a informações sobre ela.

Via internet, o consumidor pode compartilhar não apenas sua própria experiência com a marca, mas também os conteúdos desta, se julgar que eles são interessantes e têm potencial de entretenimento (Bentivegna, 2002). Nos veículos de comunicação tradicionais, o conteúdo desenvolvido pela marca chega até o consumidor apenas se ele tiver contato com esse veículo, mas por meio da internet os próprios consumidores podem tornar-se amplificadores desse conteúdo. Nesse caso, o desafio passa a ser desenvolver conteúdos que realmente interessem aos consumidores.

O surgimento do **marketing digital** é uma implicação direta dessa realidade. Percebendo a necessidade de consolidar sua presença no ambiente virtual, as marcas precisam desvendar e explorar os mecanismos que a internet e as redes sociais disponibilizam para isso. O marketing digital busca usar as ferramentas digitais para aumentar as chances de interação do consumidor com a marca.

A alta conectividade proporcionada pela internet torna a marca muito mais acessível aos consumidores e, nesse sentido, é possível disponibilizar atendimento por meio da página da marca nas redes sociais e promover incentivos para que os consumidores a compartilhem. Você, provavelmente, já se deparou com algum sorteio promovido por uma marca nas redes sociais, em que, para participar, era necessário marcar alguns amigos na publicação.

O avanço das tecnologias de informação e de comunicação tem ainda outra implicação importantíssima para a gestão das marcas: a possibilidade de gerar volumes massivos de dados. As interações do consumidor com a marca pelos canais digitais geram dados que podem ser usados para produzir *insights* significativos, permitindo, inclusive, altos níveis de personalização.

Você se lembra do conceito de *big data* que discutimos no Capítulo 4? Essa ferramenta vem ganhando bastante relevância, justamente pelo seu potencial de geração de dados. Esse conceito se refere aos grandes volumes de dados que assumem quantidade tão significativa que permite encontrar relações, até mesmo, contraintuitivas, ou seja, que contrariam nossa intuição sobre o comportamento do consumidor, entre as variáveis representadas no banco de dados.

Segundo Demchenko et al. (2013), para desenvolver estratégias baseadas em *big data*, é preciso considerar cinco dimensões de dados disponíveis para o gestor, os chamados *cinco V do big data*, explicados a seguir.

1. **Volume** – essa dimensão se refere à quantidade de dados que pode ser gerada. Volumes grandes de dados, obviamente, precisam de maior capacidade tanto de armazenagem quanto de processamento para desenvolver as análises.
2. **Velocidade** – normalmente, esses dados são gerados a uma frequência muito alta, o que significa que o volume de dados cresce rapidamente. É preciso, portanto, estruturar sistemas capazes de processá-los a uma velocidade proporcional.
3. **Variedade** – diz respeito à grande diversidade de fontes desses dados e, consequentemente, da forma como se apresentam. Dados mais estruturados podem ser facilmente classificados e organizados, já dados menos estruturados demandam grande esforço de codificação e padronização para tornar possíveis as análises (Sagiroglu; Sinanc, 2013).
4. **Valor** – refere-se a quão valioso o dado pode ser para o processo a que será submetido. Em outras palavras, a capacidade de contribuir para a elaboração de modelos que ajudem a explicar o comportamento das variáveis em questão.
5. **Veracidade** – essa dimensão considera que a consistência e a confiabilidade dos dados e dos modelos de interpretação criados deve ser avaliada. A autenticidade dos dados pode ser assegurada? É possível que eles tenham sido corrompidos? As técnicas estatísticas usadas oferecem parâmetros confiáveis de que a informação

encontrada reflete o cenário verdadeiro para a tomada de decisão?

A grande contribuição do *big data* é que proporciona aos tomadores de decisão bases confiáveis para que suas decisões sejam mais bem informadas, por isso representam potencial tão grande para o desenvolvimento de mercados e de vantagem competitiva.

Veja, a seguir, um exemplo:

Estudo de caso

A criação da série House of Cards a partir do Big Data

Outro exemplo de empresa que explora o conceito e as técnicas de Big Data de forma eficiente para prever hábitos e, assim, moldar o seu produto de acordo com o comportamento do seu público é a Netflix.

Analisando dados de cada um de seus usuários, o serviço de streaming americano entendeu que uma grande parcela prestigiava a obra de David Fincher, avaliava bem os filmes de Kevin Spacey e que a versão britânica de House of Cards fazia sucesso. Fazendo as contas, a Netflix criou uma série que já era sucesso antes mesmo de ser produzida.

E as possibilidades não param por aí. Ao criar métricas de comportamento dos usuários, a empresa consegue também diagnosticar quantas vezes os usuários pausam o vídeo, assistem a vários episódios sequencialmente e quando eles se tornam fãs de uma série.

Fonte: Frankenthal, 2017. Artigo retirado do blog da MindMiners, empresa de tecnologia especializada em pesquisa digital.

Além de utilizar as tecnologias disponíveis para produzir informações e, com isso, tomar decisões acertadas, as detentoras de marcas devem estar abertas à criatividade e à inovação. Criatividade no sentido de pensar em alterações que possibilitem melhor uso e funcionalidade, menor gasto de insumos, mais respeito ao meio ambiente, mais atratividade para o público-alvo. Inovação para que as mudanças possam propiciar melhores resultados à empresa, que leve o consumidor a mudar sua visão ou aprimorá-la com relação à marca.

As empresas precisam reinventar-se constantemente, caso contrário, cederão espaço para a concorrência ou desaparecerão. Como exemplo, temos a Kodak, que não investiu em modernização e inovação, bem como não acreditou no potencial das câmeras digitais e, assim, desapareceu do mercado. Para Calmon (2013), "Se tudo que as pessoas conhecem hoje terá que ser reinventado de maneira rápida, a forma como elas pensam também precisará ser diferente. Nesse cenário, a criatividade passa a ser uma capacidade muito valorizada".

O *branding*, que é a gestão da marca, deve ser encarado pela direção das grandes e importantes companhias com cada vez mais seriedade. Deve-se investir em estruturas que façam bem o gerenciamento da marca para que ela continue se atualizando e atuando e consiga ocupar seu espaço no mercado.

Um dos desafios do *branding* é continuar estreitando laços entre a marca e os clientes, pois eles não querem apenas vínculo racional, mas estão abertos a um relacionamento, a uma aproximação e à criação de afetos que façam essa relação permanecer e prosperar. Alguns especialistas traduzem esse novo momento de relacionamento permeado por amor, isso mesmo, o cliente deve apaixonar-se pela marca e amá-la para continuar a tê-la como uma de suas preferidas. Se olharmos a variedade de produtos e de serviços disponíveis na atualidade, esse sentimento pode, sim, ser a base de novas relações.

Diante de um mercado tão competitivo, as grandes marcas devem estruturar uma fidelidade além da razão, não uma emoção superficial e passageira, mas sim duradoura e profunda. Quem defende essas ideias é Roberts (2005), autor do livro *Lovemarks – o futuro além das marcas*. Nessa obra, ele defende que o amor é a saída para transformar marcas em *lovemarks*, "o que acontece quando uma marca evolui. É quando uma marca não se torna insubstituível, mas irresistível. É uma marca que cria lealdade não por uma razão, mas cria lealdade além da razão" (Roberts, 2005, p. 70). Segundo o autor, os aspectos que devem ser considerados para criar esse movimento de fixação da marca – no lado do cérebro responsável pelas emoções do cliente – passam por:

» **Mistério** – contar histórias envolventes sobre o presente, o passado e o futuro, a fim de inspirar e engajar as pessoas/clientes na construção de um relacionamento de longo prazo com a empresa/marca.

» **Sensualidade** – por meio das mais diversas ações, deve-se envolver os cinco sentidos do consumidor – visão, audição, paladar, tato e olfato. A empresa deve "pegar" o cliente sempre por suas sensações para que isso fique registrado.

» **Intimidade** – vínculos que a empresa, por meio de seus colaboradores, cria com o cliente, fazendo-o sentir-se mais próximo, mais querido, mais valorizado.

Para que esse relacionamento seja pautado pelo amor, o respeito deve vir antes, pois, sem ele, nenhuma relação firma-se ou torna-se duradoura, ao contrário, será breve e superficial. Como metáfora, podemos dizer que o consumidor deixar-se-á seduzir rapidamente por um garoto propaganda de rostinho bonito ou um bom comercial para conhecer a marca, porém, quando a relação é sólida, mesmo seduzido, ele voltará correndo para os braços da marca que ele sente que se importa, verdadeiramente, com ele.

Roberts (2005) afirma, ainda, que as marcas precisam superar a condição de *commodity* e tornar-se uma *lovemark*. Isso significa que uma marca *commodity* não oferece grandes diferenciações, é mais uma no meio da multidão de opções disponíveis. Imagine um chocolate sem embalagem, sem marca, sem uma comunicação efetiva; nesse contexto, ele não passa de cacau processado. Agora, pense que ele é belamente embalado, com as cores da embalagem combinando e chamando a atenção, que foi elaborado com ingredientes preciosos e de alta qualidade; nesse cenário, a comunicação da marca faz o cliente projetar felicidade, paz, harmonia, leveza ao consumir o produto, ou seja, isso é transformar uma *commodity* em *lovemark*.

A busca por essa transformação não é um trabalho rápido e barato, pelo contrário, é necessário percorrer um longo caminho, superar inúmeros obstáculos, realizar um trabalho consistente e duradouro para conseguir firmar a marca na mente do cliente por meio de aspectos emocionais.

Um bom exemplo de *lovemark* brasileira é O Boticário, empresa paranaense, com atuação mundial. Em seus 40 anos de história, trilhou caminhos que levaram seus consumidores a relacionar-se afetivamente com a marca, lembrando-a, defendendo-a, indicando-a para amigos e, o melhor, sendo fiel a ela na hora das compras de produtos de perfumaria, maquiagem e beleza em geral. Essa longa trajetória foi sendo construída para que os clientes pudessem sentir-se cada dia mais perto, próximos e íntimos da marca.

O futuro das marcas está no presente, é agora o tempo de construir relações duradouras com os consumidores, é o momento atual que deve ser bem trabalhado para que o cliente vincule-se à marca não somente de maneira racional, mas, especialmente, emocional. Somente assim é que, no futuro, serão colhidos todos os frutos de ações bem planejadas e estruturadas, garantindo o sucesso.

As marcas influentes conseguem superar a mera relação utilitária, ou seja, elas transcendem a ideia de identificação da fabricante do produto. Como alternativa, elas apostam na apropriação de **símbolos culturais** que ajudam a formar sua identidade e sua personalidade, buscando construir na mente dos consumidores um posicionamento associado não apenas à satisfação da necessidade à qual o produto se propõe, mas também associações com a própria identidade e o estilo de vida do consumidor, de modo que ele passe a ver na marca uma verdadeira parceria – você deve lembrar que falamos sobre isso quando discutimos a simbologia do consumo, no Capítulo 1. Assim, essas marcas procuram um engajamento mais profundo com os consumidores, por meio de relacionamentos mais humanizados, não meramente transacionais, colocando-se como aquilo que aproxima o consumidor do que ele deseja ser.

Justamente para gerar essa aproximação, em muitos casos, é preciso que uma marca se posicione quanto a temas importantes para seu público-alvo. De certa forma, elas exercem funções ideológicas, sociológicas e políticas e, por isso, tornar esses elementos culturais claros para o consumidor pode facilitar a identificação por parte do público-alvo da marca (Schroeder, 2009).

Entretanto, é preciso cuidado nesse ponto, pois, normalmente, a associação a uma posição ideológica provoca também o afastamento de determinados grupos. Para entender como isso acontece na prática, vamos retomar o exemplo da marca Hummer. Você deve lembrar que discutimos como os valores associados à marca Hummer influenciam o relacionamento que diferentes grupos de consumidores estabelecem com ela, tornando-a uma mediadora no conflito moral entre grupos com ideologias antagônicas (Luedicke; Thompson; Giesler, 2009). A baixa eficiência na queima de combustível gera críticas severas por parte de grupos preocupados com o uso responsável dos recursos naturais, todavia, os consumidores que defendem a marca consideram-na um ícone do ideal estadunidense de liberdade. Assim, entendemos que quando a marca incorpora certos valores culturais, tende a aproximar consumidores que se identificam com esses valores, mas também tende a afastar pessoas que os rejeitam (Shepherd; Chartrand; Fitzsimons, 2015), por isso, esse tipo de ação deve ser realizado com uma percepção muito clara dos valores associados aos principais públicos-alvo da organização.

Para saber mais

Que tal se aprofundar sobre o que é uma *lovemark*? Indicamos a leitura do texto *6º Google: já ouviu falar de lovemark?*, publicado na revista *Época Negócios*.

VALDEJÃO, R. 6º Google: já ouviu falar de Lovemark? **Época Negócios**. Disponível em: <http://epocanegocios.globo.com/Revista/Common/0,,ERT193881-16355,00.html>. Acesso em: 14 ago. 2019.

Síntese

Pensar a gestão de uma marca só faz sentido se a marca ocupar um espaço na mente do consumidor, portanto, uma preocupação primordial do profissional de marketing deve ser viabilizar a conquista desse espaço. Neste capítulo, abordamos as teorias cognitiva e behaviorista para a compreensão do processo de aprendizagem. Destacamos que a teoria behaviorista se concentra nos aspectos observáveis do comportamento, sem considerar os processos cognitivos, ou de pensamento, envolvidos nesse processo. Essa abordagem estuda a aprendizagem como uma função da associação entre os estímulos dados no ambiente e as respostas manifestas pelo indivíduo. Já a abordagem cognitiva procura desvendar quais são as associações cognitivas relacionadas à resposta do indivíduo a um estímulo. Nesse caso, a preocupação é entender o que exatamente acontece na mente do indivíduo para explicar sua tendência de comportamento. Assim, é essencial entender o mecanismo explicativo do comportamento, e não apenas a que estímulo ele está associado.

Também refletimos sobre como as escolhas do consumidor são bastante associadas à percepção que ele tem de si mesmo. Nossas posses são uma extensão de nós mesmos. Com essa noção, discutimos as profundas implicações disso na forma como nos relacionamos com a marca, desenvolvendo, em muitos casos, verdadeiros relacionamentos, com princípios parecidos aos dos relacionamentos interpessoais. Você entendeu que marcas podem ser muito mais do que um sinal que determina a procedência do produto, podendo, inclusive, assumir papel central da construção de uma comunidade em torno do interesse por ela.

Você compreendeu, também, que se relacionar com seu consumidor é muito mais do que enviar ofertas periodicamente, uma vez que entender as bases do relacionamento construído entre os clientes e a marca e respeitar as regras implícitas (comunais ou transacionais) desse relacionamento, são fatores essenciais para conduzir laços duradouros de troca.

Finalmente, discutimos as implicações de novas tecnologias que vêm surgindo na gestão de marcas. Dos crescentes níveis de conectividade que resultam da expansão da internet pelo mundo, podemos observar que o marketing digital surgiu como uma ferramenta extremamente relevante na atuação das organizações. Essa prática busca disseminar a presença da marca nos ambientes da internet, usando-a não apenas como canal de comunicação, mas como contexto para criação de vínculos com os clientes. Nesse sentido, a viralização de conteúdos de marca vem como um fenômeno que pode potencializar a relevância de determinada marca. Outra ferramenta que tem ganhado muita visibilidade nos últimos anos é o big data – e a ciência de dados, em geral. Essa técnica busca, entre os dados coletados pela empresa, a definição de padrões de comportamento do consumidor, e o conhecimento vindo da interpretação desses padrões pode criar uma base sólida no direcionamento de ações da empresa, que pode criar abordagens mais adequadas ao seu público-alvo, aumentando sua eficácia.

Questões para revisão

1. Avalie as afirmativas a seguir e a relação entre elas.

    I. Proposta de valor são os atributos, visíveis ou não, de uma marca que a diferenciam da concorrente e fazem o consumidor escolhê-la por isso.

    PORQUE

    II. O valor percebido na marca não depende apenas dos benefícios objetivos, mas também de construções subjetivas.

    Agora, assinale a alternativa correta:

    a. As afirmativas I e II são verdadeiras, e a II é uma justificativa correta da I.
    b. As afirmativas I e II são verdadeiras, mas a II não é uma justificativa correta da I.
    c. A afirmativa I é uma proposição verdadeira, e a II é uma proposição falsa.
    d. A afirmativa I é uma proposição falsa, e a II é uma proposição verdadeira.
    e. Nenhuma das afirmativas é verdadeira.

2. Comunidades de marca são compostas por um grupo de pessoas que têm como elemento comum o interesse por uma marca. Com relação a essas comunidades, indique se as afirmações a seguir são verdadeiras (V) ou falsas (F).

( ) Servem como fonte de informação para os membros do grupo, bem como para as donas das marcas.

( ) Estimulam o senso de responsabilidade moral, definido como o respeito de um membro para com o outro e lealdade entre eles.

( ) A comunidade é um ambiente de troca e convivência, de intercâmbio de ideias, de percepções, de gostos e de relacionamentos.

( ) Os membros limitam-se a compartilhar suas experiências de relação com a marca, evitando eventos de consumo compartilhado.

( ) Profissionais de marketing podem desenvolver ações que facilitem o surgimento de uma comunidade de marca, mas essas comunidades podem também surgir espontaneamente, por iniciativa dos próprios consumidores.

Agora, assinale a alternativa que apresenta a sequência correta:

a. F, F, F, V, V.
b. V, F, V, F, F.
c. F, V, V, V, F.
d. V, V, V, F, V.
e. V, V, V, V, F.

3. A relação dos consumidores com as marcas que consomem frequentemente vai muito além do simples interesse transacional. Considerando esse contexto, avalie as afirmações a seguir.

I. Uma marca pode ser usada como forma de expressão e representação da identidade do indivíduo.
II. Os consumidores tendem a atribuir às marcas personalidade, assim como atribuem às pessoas.
III. Os consumidores tendem a usar as marcas para buscar a identidade que desejam assumir, não sua identidade real, o que gera um perpétuo sentimento de insatisfação.
IV. O desejo de autoexpressão e a percepção da personalidade da marca são fatores determinantes do tipo de relação que o consumidor deseja desenvolver com a marca.

Agora, assinale a alternativa que apresenta somente os itens corretos:

a. I e II.
b. II e III.
c. I e IV.
d. II, III e IV.
e. I, II e IV.

4. As marcas de relógio Timex e Rolex são muito conhecidas nos Estados Unidos, mas completamente antagônicas. A Timex oferece produtos altamente funcionais a baixos preços, e a Rolex aposta no conceito de seu produto como um sinal de diferenciação social, com um preço consideravelmente elevado. Explique como essas marcas relacionam-se com os conceitos de consumo utilitário e hedônico.

5. Considerando que os valores internalizados pelos consumidores influenciam sua decisão de compra, como as marcas podem conectar-se com esses valores, a fim de promover uma aproximação com o consumidor?

Questão para reflexão

1. O processo de percepção é um aspecto fundamental das teorias de aprendizagem. Escolha um produto ou uma marca e defina o respectivo público-alvo. Quais seriam os principais desafios para promover um aprendizado eficaz desse produto ou dessa marca pelo público?

capítulo 6
aspectos globais

Conteúdos do capítulo:

- Impacto do contexto geracional nos padrões de consumo.
- Peculiaridades do consumidor nos mercados de serviços e organizacional.
- Particularidades culturais do comportamento e surgimento de preferências homogêneas em nível global.
- Impactos ambientais, sociais e econômicos das relações de consumo e responsabilidade ética.

Após o estudo deste capítulo, você será capaz de:

1. compreender as particularidades das gerações e seu papel nas preferências de consumo de seus membros;
2. reconhecer as especificidades do contexto de consumo de serviços e como influenciam o processo de decisão;
3. analisar os cenários contemporâneos de atuação do marketing, considerando as principais preocupações dos consumidores, tanto local quanto mundialmente.

Desenvolver estratégias para conquistar os consumidores é um desafio com diversas particularidades. Dependendo do público-alvo a ser alcançado, devemos observar padrões que emergem nas tendências e nas preferências desses grupos. Neste capítulo, vamos discutir algumas dessas particularidades.

Gerações *baby boomers*, X, Y, Z

Em cada país, há diversas gerações que vivem e convivem, cada uma com características específicas e perfis de consumo também distintos. Compreender essas características é papel do profissional de marketing, de modo que possa tomar as decisões mais acertadas nas estratégias para alcançar cada uma delas.

Apresentaremos essas gerações com fundamento no trabalho de Kotler e Armstrong (2007). Ao tratar de cada uma dessas gerações, que são comumente apresentadas, cabe aqui, porém, um gigantesco aviso de cuidado. Existem muitas controvérsias na formulação dessa categorização de gerações, uma vez que o suporte científico a essa perspectiva é bastante frágil. Do ponto de vista gerencial, parece interessante termos uma distinção clara das características de cada geração, mas é importante ter certo cuidado na interpretação dessas regras gerais.

Geração *baby boomers*

Corresponde às pessoas nascidas entre 1946 e 1964, também conhecidos como *filhos da guerra*, pois nasceram após o fim da Segunda Guerra Mundial. Essa geração já passou por vários ciclos de vida e, em cada um deles, consumiu o que é típico em cada ciclo. Agora, os consumidores dessa geração estão na maturidade, mas continuam sendo alvo dos profissionais que gerenciam marcas pelo mundo. Os mais velhos dessa geração estão na casa dos 70 anos, e os mais jovens, perto dos 50 anos.

Eles estão saindo do fervor da juventude e suas limitações físicas trazem um perfil de consumo diferente do adotado no passado, já que eles buscam, normalmente, bem-estar, melhor alimentação, mais qualidade de vida, fazendo uso de todo medicamento ou suplemento alimentar que lhes garanta algum bem-estar ou prolongue sua vida. Além disso, eles investem em planos de assistência médica, medicamentos, alimentos saudáveis, viagens, passeios, valorizando a família e o encontro com amigos. Porém, eles também são alvo de empresas de imóveis, móveis, eletrodomésticos, alimentos funcionais, mercado *fitness* e carros de luxo. Como é uma geração com um longo intervalo entre a faixa inicial e a final de anos, podemos ter dois perfis distintos: um mais jovem, com um caráter mais consumista, e outro mais conservador e controlado. Mas há espaço para atingir ambas as faixas com produtos, serviços e forma de atuação distintas.

Geração X

São os nascidos entre 1965 e 1976. Se a geração anterior ficou conhecida pela grande quantidade de nascimentos, não se pode dizer o mesmo desse momento. "O autor Douglas Coupland chamou essa geração de geração X, devido ao fato de seus representantes viverem à sombra dos baby boomers e lhes faltar características claras que os diferenciem" (Kotler; Armstrong, 2007, p. 67). Especialmente no Brasil, essa geração cresceu em meio às crises política e econômica, principalmente, e os dias não foram fáceis para quem foi jovem na década de 1980: tudo muito escasso, pouco emprego, renda baixa, altos níveis de recessão e desemprego. Foi uma geração que batalhou muito para ter algum bem ou para consumir os produtos não muito diversificados que havia à disposição.

Essa geração viu o surgimento da Aids e seus ídolos partirem de forma precoce, teve sua sexualidade reprimida com vistas a se proteger de uma doença até então desconhecida. Governos e planos econômicos sofreram alterações constantes. O consumo estava restrito a uma classe média reduzida, as oportunidades de trabalho e de estudo eram limitadas. No entanto, depois da década de 1990, as coisas começaram a tomar novo rumo, as pessoas viram mudanças efetivas na política e, principalmente, na economia, e a tão sonhada estabilidade foi alcançada, possibilitando a essa geração voltar sonhar. Sonhar com dias melhores, com cidades melhores e com produtos melhores, mais acessíveis e disponíveis.

Por terem crescido em épocas difíceis, de recessão, os nascidos nessa geração são mais cautelosos com dinheiro, reticentes com as campanhas de marketing que prometem mundos e fundos, compradores mais sensatos e controlados. Foi essa geração que começou a se preocupar com o meio ambiente e as questões sociais, além de aspectos relacionados à qualidade de vida. Esses indivíduos valorizam o emprego, mas, acima de tudo, importam-se com seu ritmo de vida, com o tempo livre, com o que fazer além de trabalhar. Eles são os substitutos naturais na hora do consumo dos *baby boomers*.

Geração Y

Nascidos entre 1977 e 1994, são filhos da geração X e netos dos *baby boomers*, estão na faixa de 25 a 40 anos. Boa parte deles, ao se entenderem como pessoas, já tinham inúmeras tecnologias disponíveis, e isso os fez menos resistentes do que a geração anterior, pois cresceram vendo, usando e tirando vantagens das novas tecnologias, tanto no trabalho quanto em sua vida pessoal.

Essa geração vive conectada, usufruiu e usufrui das tecnologias disponíveis, inclusive, para sua formação e desenvolvimento de capacidade intelectual. São impacientes, querem tudo para ontem, esperam que todos os prestigiem, valorizem e cedam os espaços a que acham que têm direito. São consumidores de tecnologia, bem como os melhores usuários delas. Cresceram em um momento em que o Brasil gozava de crescimento e desenvolvimento, com promessas de estar caminhando rumo a tornar-se um país melhor, e eles acreditaram e usufruíram disso.

Foi a geração que conheceu o que é ter as coisas de forma fácil e rápida, consumindo tudo o que as gerações anteriores foram impedidas por questões econômicas e políticas. Tiveram acesso a bens de consumo, alimentícios, de lazer etc. como nunca houve e, por isso, acharam-se especiais, com poder para tudo, sem limites, acreditaram que o mundo estava à sua disposição, que podiam passar mais tempo experimentando do que se aprofundando em alguma área de trabalho. Assim, tornaram-se uma geração que as outras começaram a ver com certa resistência, pelo fato de acharem que o mundo estava ao seu dispor.

É uma geração que não colocou o casamento como prioridade em sua vida, pelo contrário, permitiu-se viver relacionamentos informais, no sentido de não terem passado pelos cartórios de casamento civil. São os conhecidos *namoridos*, que vão morar juntos, dividem despesas, fazem programas de casados, porém, são e se sentem como namorados. Seu consumo abarca coisas para casa, nada de muito luxo, pois não é prioridade, investem em sua formação, na busca do domínio de outro idioma, já que priorizam viagens, são adeptos da *bike* e valorizam formas alternativas de mobilidade urbana. Não se importam em dividir espaços, por isso podem morar com amigos. São consumidores conscientes, não se deixam seduzir por propagandas bem elaboradas, mas sem conteúdo.

No mercado de trabalho, prometeram mais do que entregaram, pois era esperado que eles fizessem uma revolução, mas percebeu-se que não tinham tanta energia para a mudança como propagavam. No entanto, é a geração mais consciente quanto aos efeitos da atuação do homem sobre a natureza e sobre o próprio homem. Eles têm uma visão clara e segura do que precisa ser feito para termos um mundo melhor, e deram e dão sua contribuição para isso.

São consumidores de produtos que respeitam e valorizam o meio ambiente, boa parte dessa geração já está se perguntando: "Eu apenas quero ou preciso deste bem ou serviço?" na hora da compra, o que muda a configuração da quantidade consumida, bem como a qualidade desse consumo.

Geração Z

A geração Z é composta pelos nascidos depois de 1995, que já nasceram conectados: são tecnológicos, vivem a tecnologia, não conhecem o que é estar *off-line*, são altamente engajados com diversas redes sociais, tanto as mais famosas quanto algumas desconhecidas do grande público. Fazem tudo via tecnologia: estudar, relacionar-se, trabalhar e buscar lazer.

Ceretta e Froemming (2011) investigaram algumas características dessa geração em um grupo de consumidores brasileiros e encontraram aspectos muito parecidos em outras culturas também. As pesquisadoras definem os consumidores dessa geração como consumistas, individualistas, apaixonados por tecnologia e altamente exigentes com relação ao que consomem, afinal, usam a conectividade para extrair e comparar o máximo de informações que conseguirem antes de escolher o que comprar.

Comparação entre gerações: outras perspectivas

Atualmente, fala-se também em uma nova geração, a **geração alfa**. Os representantes dessa geração seriam crianças nascidas a partir de 2010. Obviamente, ainda é difícil atribuir características a essa geração, pois, como as crianças de todas as gerações, seus valores ainda estão em construção. No entanto, essa geração está exposta a um fator bastante peculiar: a presença ubíqua das tecnologias ao longo de todo o seu desenvolvimento. Essa familiaridade com as tecnologias digitais e, especialmente, as tecnologias *mobile*, certamente, moldará a forma como essas pessoas interagirão com as marcas no futuro, aliás, provavelmente, já influencia hoje.

A principal questão reside na observação dessas diferentes gerações sob a perspectiva de um momento em que estão em convivência na sociedade, ou seja, estamos dividindo, entre as pessoas que compartilham um mesmo espaço temporal, grupos de acordo com o período em que nasceram. Dessa forma de análise, surge uma questão crítica: Estamos identificando as diferenças entre gerações ou simplesmente entre faixas etárias?

Faz sentido falar em gerações com características distintas somente se ponderarmos que um grupo de pessoas que se desenvolveu em determinado contexto histórico e cultural apresenta características peculiares em razão de fatores que estavam presentes em seu contexto. Assim, as características desse grupo devem ser diferentes, inclusive, daquelas que tinham sua idade no ciclo anterior. Portanto, se queremos dizer que uma característica é específica de uma geração, não adianta compará-la às particularidades da geração anterior, é preciso compará-la à geração anterior quando as pessoas desta tinham a mesma idade. Do contrário, não estamos comprovando características da geração, mas da faixa etária que ela representa.

Por exemplo, não faz muito sentido compararmos a geração Y aos *baby boomers*, afinal, provavelmente, estaríamos observando apenas diferenças provocadas pela idade. Para encontrar características que sejam, de fato, específicas dessa geração, precisamos comparar a geração Y com os *baby boomers* quando tinham a idade que hoje têm os representantes da geração Y.

Outro exemplo: os integrantes da geração Y, normalmente, são vistos como pessoas com baixo comprometimento com seu emprego, ou seja, no imaginário popular, essas pessoas não hesitam em buscar um novo emprego ao menor sinal de insatisfação e, por isso, não ficam por muito tempo em nenhum emprego. Ora, um estudo demonstrou que não existe diferença estatisticamente significativa entre o tempo de permanência no emprego dos membros da geração Y quando comparados aos da geração anterior, a geração X (Molloy; Smith; Wozniak, 2017). Portanto, a atribuição desse estereótipo de que a geração Y não se compromete com seus atuais empregadores é, no mínimo, injusta e, de certa forma, é uma inferência preguiçosa que fazemos para explicar o comportamento de determinada faixa etária. Assumimos que essa é uma característica dessa geração, quando, na verdade, a geração anterior tinha um comportamento muito parecido quando estava na mesma fase.

Ainda assim, para o profissional de marketing, a principal preocupação é conhecer as características de seu público-alvo, o que pode, muitas vezes, ser satisfeito com uma descrição como a que vimos.

Curva de adesão

Conhecer a tendência de comportamento de determinado grupo é um fator crítico para o profissional de marketing. Quando uma empresa traz uma nova oferta ao mercado, essa oferta não será adotada de maneira homogênea por todos os grupos. Rogers (2003) aponta que esse comportamento de adoção da inovação pode ser tipificado, ou seja, podemos criar categorias para classificar a forma como as pessoas aderem às inovações apresentadas no mercado.

Independentemente do padrão de adoção que uma pessoa tende a apresentar, esse processo deve passar por algumas etapas. Primeiramente, há a **conscientização** acerca da existência da oferta. A partir desse conhecimento, espera-se que certo **interesse** do consumidor pela oferta seja desenvolvido. Esse interesse deve crescer à medida que ele passa a conhecer mais detalhes sobre a inovação. Eventualmente, esse interesse resulta na **avaliação** da possibilidade de experimentar a inovação e, dessa predisposição, resulta a **experimentação**, fator essencial para definir se o consumidor optará por adotar a inovação. Dependendo da avaliação que o consumidor fizer de sua experimentação, ele **adotará** a inovação, momento em que ele a incorporará a seus hábitos.

Rogers (2003) ainda classifica os consumidores com base em quão prontamente adotam a inovação. Alguns consumidores são altamente motivados a testar novos produtos antes mesmo de que sejam oficialmente lançados. Esses consumidores são os chamados *inovadores* e representam um importante público para as empresas testarem e avaliarem previamente o potencial de seu produto. São, portanto, um público que pode emitir sinais de que o lançamento de um produto será um fracasso, evitando, assim, que altos investimentos sejam perdidos. Por se tratar de um público altamente engajado, vale um esforço maior de desenvolvimento do relacionamento do consumidor com a marca, pois é interessante que se construa um laço capaz de ultrapassar a mera relação transacional.

Outro grupo de consumidores preza por dominar as últimas tendências. Essas pessoas buscam identificar grandes tendências logo que surgem e desejam ser pioneiras no uso das principais inovações. Tais consumidores são nomeados *adotantes imediatos* e exercem grande influência sobre o público geral. Normalmente, são menos sensíveis ao preço, uma vez que dão maior valor ao pioneirismo.

Também existe a chamada *maioria imediata*, aqueles consumidores que esperam o produto se consolidar no mercado para, então, adotá-lo. Esses consumidores podem ser fortemente influenciados pelos adotantes imediatos, mas não fazem questão de testar o produto prontamente. Quando a inovação chega a esse público, é o momento em que ela tende a expandir seu potencial de penetração no mercado.

Alguns consumidores são ainda mais resistentes e aguardam uma real consolidação da inovação no mercado. Esses consumidores compõem a *maioria tardia*, que tende a ser mais cética com relação ao produto e demandam uma prova mais consistente de que a inovação é segura e atende a suas necessidades com desempenho superior. Além disso, eles esperam que o produto alcance um preço mais acessível.

Os últimos consumidores a aderirem à inovação são os chamados *retardatários*. Esses consumidores são altamente resistentes à mudança e adotam o produto apenas quando a adesão se torna quase imperativa. Consequentemente, representam um mercado de difícil penetração e, por isso, tendem a ser menos rentáveis.

Comportamento do consumidor de serviços

Você se lembra da última vez que foi a uma consulta médica? Provavelmente, você passou algum tempo conversando sobre o que estava sentindo, submeteu-se a alguns procedimentos breves, como aferição de pressão, ausculta do coração e pulmão e, talvez, verificação de peso e altura.

Você pagou determinado valor (ou teve a consulta coberta pelo plano de saúde), mas saiu do consultório sem nenhum bem tangível e podendo dizer "foi isso que comprei". Talvez, você tenha saído com a amostra grátis de algum remédio ou algumas folhas de papel com indicações de remédios ou solicitações de exames, mas não podemos dizer que esses foram os produtos trocados na negociação com o profissional de saúde.

Mesmo assim, você concorda que a interação com o médico foi uma relação de mercado? Ora, como tal, deveria haver uma transação, certo? O que seria, então, o objeto da transação? Você percebeu o dinheiro sair de sua conta, mas não consegue identificar nenhum produto que tenha adquirido com esse recurso. O motivo de não haver nenhum bem tangível vinculado a essa transação é que você pagou por um **serviço**.

Serviços podem ser definidos como "tarefas intangíveis que satisfaçam as necessidades do consumidor final e usuários de negócios" (Cobra, 2009). Por serem intangíveis, serviços não podem ser armazenados, transportados ou tocados. Além disso, os serviços são consumidos no mesmo momento em que são prestados, ou seja, são altamente **perecíveis**.

Quando você foi atendido pelo médico, basicamente, o serviço que adquiriu foi o conhecimento desse profissional, que lhe examinou e lhe deu orientações de como cuidar de sua saúde. Considerando que esse serviço, como todos os outros, é perecível, à medida que você era examinado, você consumia o serviço prestado.

Uma vez que não há interação com um produto tangível que possa ser avaliado, o processo de decisão de compra de um serviço tem algumas características bastante peculiares em relação à compra de bens tangíveis.

Quando avalia as alternativas entre produtos tangíveis, o consumidor consegue comparar atributos muito mais concretos do que quando compara alternativas de prestadores de serviços. Isso acontece porque os serviços costumam apresentar uma variabilidade maior por natureza. Um serviço de implante capilar, por exemplo, pode gerar resultados muito diferentes em cada cliente, pois não depende apenas da habilidade do profissional, mas também do risco do procedimento e da fisiologia do próprio paciente.

A avaliação da qualidade de um serviço pelo consumidor pode passar por cinco dimensões: (1) confiabilidade, (2) capacidade de resposta, (3) segurança, (4) empatia e (5) avaliação de itens tangíveis (Kotler; Keller, 2006).

A **confiabilidade** diz respeito a quanto o consumidor pode confiar na capacidade do fornecedor de entregar exatamente o serviço que prometeu. A capacidade de cumprir os prazos, por exemplo, é um indicador que faz parte dessa dimensão. Se você já conduziu uma reforma em sua casa, é provável que tenha passado por uma situação bastante desagradável de renegociação de prazo e orçamento. Nesse tipo de trabalho, é bastante comum que a finalização do serviço atrase consideravelmente, além de ultrapassar o valor estipulado.

Suponha que um paciente paga por um tratamento ortodôntico e recebe o diagnóstico de que precisará usar aparelho por três anos. Terminados os três anos, o profissional afirma que o serviço não ficou como o esperado e que precisará de mais tempo para atingir os resultados desejados pelo paciente. A replicação desse tipo de situação pode promover um forte sentimento de desconfiança na relação entre ambos, pois o consumidor poderá deduzir que o profissional não tem a competência necessária para cumprir o serviço ou, até mesmo, entender que o prazo está sendo prolongado propositalmente apenas para manter os pagamentos mensais por mais tempo. De qualquer forma, é provável que o cliente fique altamente insatisfeito.

A **capacidade de resposta** refere-se à capacidade do fornecedor de manter o cliente informado sobre o andamento do serviço. Esse processo de abertura pode, inclusive, fortalecer a relação de confiança e mostrar uma postura proativa do prestador de serviço.

A **segurança** é a sensação que o consumidor tem, durante o processo de prestação do serviço, de que tudo ocorrerá conforme planejado. A demonstração de competência e de domínio sobre o processo de serviço é um ponto essencial nessa dimensão.

A **empatia** é a capacidade de se colocar no lugar do cliente e se esforçar para entender suas reais necessidades e motivações. Como no mercado de serviços os clientes são muito diferentes entre si, é provável que isso demande uma atenção bastante personalizada a cada cliente.

Porém, nessa relação existem alguns **itens tangíveis**, que são evidências físicas nas quais o consumidor pode basear-se para inferir a qualidade do serviço prestado. A limpeza do ambiente de um restaurante, a conservação do uniforme de um prestador de serviços de limpeza ou, até mesmo, a percepção do paciente quanto à idade do médico que lhe atende podem ser fatores críticos para a qualidade percebida na prestação do serviço. Por mais que a principal característica do serviço seja a intangibilidade, esses pequenos detalhes oferecem ao consumidor alguma possibilidade tangibilidade e, portanto, acabam tornando-se um caminho viável para a avaliação da qualidade.

Os serviços têm também uma característica relacional por natureza, justamente em razão de a produção e o consumo acontecerem de maneira simultânea, pois o relacionamento entre as partes durante o processo acaba tornando-se um elemento crítico para a qualidade percebida do próprio serviço. Em serviços em que esse relacionamento se desenvolve com mais proximidade, como em serviços de salão de beleza, é comum que se forme uma lealdade ao profissional que desempenha o serviço, e não necessariamente ao estabelecimento, pois é com o profissional que o cliente estabelece o vínculo de relacionamento e, até mesmo, de confiança.

Uma vez que a percepção da qualidade do serviço está diretamente ligada à pessoa que o desempenha, é comum que esse cenário gere uma perda de clientes caso o profissional decida deixar a empresa, seja para abrir um negócio próprio, seja para trabalhar para um concorrente já estabelecido (Yim; Tse; Chan, 2008).

A maioria dos serviços prestados hoje ainda é desempenhada por pessoas. Pensando nesse aspecto, faz sentido que a relação do cliente com o prestador de serviços apresente ainda mais características de um relacionamento interpessoal, já que envolve, de fato, o relacionamento entre pessoas.

Você já parou para imaginar os impactos do avanço da inteligência artificial (IA) sobre esse cenário? Hoje, é muito fácil imaginar postos de trabalho de linha de produção sendo substituídos por máquinas. Os processos de automatização da produção são uma realidade no mundo contemporâneo. No entanto, a IA tem avançado a passos largos e, hoje, já há quem diga que, em breve, todas as funções desempenhadas por humanos poderão, sim, ser desempenhadas por máquinas.

Imagine, por exemplo, que, ao ir a uma consulta médica, em vez de falar com uma pessoa que estudou para isso, você se depara com um computador capaz de se comunicar com você. Não estamos falando da comunicação que ocorre hoje, em que você alimenta o computador com informações e ele lhe dá uma resposta entre uma série de alternativas pré-programadas, mas da capacidade de se envolver ativamente no processo de comunicação.

Um computador teria uma capacidade infinitamente maior do que a de um ser humano de guardar informações sobre doenças, sintomas, causas e, até mesmo, falsos sintomas. Logo, se for capaz de simular a capacidade de aprendizado humana, o computador poderia desempenhar o serviço com uma qualidade superior e com uma ocorrência de erros muito menor. Interessante, não?

Atualmente, esse cenário já não parece tão distante, pois o desenvolvimento do *machine learning* (aprendizagem de máquina) e da IA estão avançando rapidamente.

No entanto, a aplicação de tecnologias para substituir o papel humano na prestação de serviços é ainda uma prática arriscada. Ao contrário do cenário especulativo ora descrito, em que a máquina seria capaz de prestar um serviço melhor do que um ser humano, hoje vemos com frequência casos em que o papel humano é substituído por tecnologias que não são capazes de entregar a mesma qualidade. Pense na quantidade de minutos que você perde a cada vez que liga para sua operadora de celular, apenas para encontrar qual opção do menu inicial você precisa escolher para conseguir o que deseja.

Em alguns *sites*, notamos a presença de *chatbots*, programas que, a princípio, deveriam ser capazes de conversar com o cliente e orientá-lo sobre o caminho a seguir para solucionar seu problema, porém o nível de insatisfação com essa tecnologia é ainda muito alto. Isso acontece porque os *chatbots* atuais não são embasados na capacidade da máquina de aprender as informações que lhe são fornecidas, mas em uma série de respostas predefinidas, que estão condicionadas a algumas palavras-chave apresentadas pelo cliente. O *chatbot* não tem a sensibilidade que uma pessoa tem para entender sua necessidade, o que acaba promovendo a sensação de que o atendimento está deixando a desejar.

Além disso, a maioria dos *chatbots*, hoje, opera na forma de resposta a perguntas pontuais, o que significa que não são capazes de fazer uma associação entre a informação que você fornece em uma apresentada nas perguntas anteriores. Esse processo poderia ser um fator crítico para o entendimento do problema que o cliente está enfrentando.

Comportamento do consumidor organizacional

Expressão de autoconceito, influências situacionais e dos elementos sensoriais no ponto de venda, emoções, entre outros aspectos, são fatores presentes no processo de decisão de compra do consumidor final e podem influenciar diretamente o resultado desse processo. E quanto ao mercado organizacional? Você imagina quais são os processos que interferem na decisão de compra de um indivíduo que, a princípio, deve tomar decisões racionais baseadas em uma análise meticulosa das alternativas presentes?

Normalmente, referimo-nos ao mercado organizacional utilizando o termo em inglês *business to business* (B2B), em oposição ao *business to consumer* (B2C), usado para designar o mercado voltado ao consumidor final.

Pensamos em empresas como agentes econômicos que vendem seus produtos para determinado público-alvo. Mas a verdade é que essas empresas são também parte de um público--alvo para outras empresas, pois, assim como os consumidores, têm necessidades que precisam ser supridas. Uma montadora de veículos não produz todas as peças que usa em seus carros. Uma indústria de bebidas não, necessariamente, produz suas peças publicitárias, pois prefere confiar isso a empresas cuja especialidade seja a comunicação. Uma rede de hotéis precisa de fornecedores de alimentos para os pratos comercializados no restaurante, bem como de produtos de limpeza para manter os ambientes agradáveis para os clientes.

O B2B é um componente importante do sistema econômico, pois a própria visão estratégica das empresas de manter o foco de suas atividades no que consideram sua *expertise* é um fator que contribui para o crescimento do mercado B2B. No entanto, uma empresa pode enfrentar problemas se tentar usar para o consumidor organizacional as mesmas técnicas usadas para abordar o consumidor final.

Você se lembra da discussão sobre os papéis de decisão de compra? Quais os três papéis que o consumidor pode desempenhar no processo de consumo? Caso não se lembre, que tal retomar o tópico para ativar a memória?

Como vimos, há três papéis que podem ser assumidos pelo consumidor e, embora seja importante que o gestor diferencie esses papéis, no mercado B2C é comum que o consumidor desempenhe os três papéis simultaneamente. Já no caso do mercado B2B, podemos dizer o contrário, ou seja, normalmente, os três papéis são desempenhados por pessoas diferentes.

Apenas para relembrar, os três papéis são: usuário, comprador e pagante. O usuário é quem consome os benefícios do produto, o comprador é quem levanta e avalia as alternativas e escolhe a mais adequada, e o pagante é quem assume o pagamento pela transação.

Nas empresas, é comum que haja um departamento de compras estruturado. Mesmo em empresas pequenas, que não tenham um departamento dedicado à gestão de compras, frequentemente, existem algumas pessoas designadas para essa função. Tais pessoas precisam seguir procedimentos bem definidos para a compra de materiais ou para a contratação de serviços, que podem variar muito de empresa para empresa, afinal, suas políticas também variam.

As aquisições no mercado B2B são classificadas em três categorias: (1) recompra simples, (2) recompra modificada e (3) nova tarefa (Kotler; Keller, 2006).

Uma indústria de tintas que necessite de um produto químico em seu processo produtivo obviamente precisará comprá-lo com frequência, pois sua linha de produção depende dele. Nesse caso, a compra é rotineira, pois a necessidade surge periodicamente e com uma frequência alta. Se a empresa precisasse passar por todo o processo de decisão sempre que a necessidade surgisse, seu método seria bastante ineficiente, não acha?

Por isso, em situações em que a compra se repete com frequência, a organização procura repetir a compra exatamente da mesma forma que foi feita nas situações anteriores, a fim de aumentar a agilidade. Esse tipo de situação é denominado *recompra simples*.

Na recompra simples, o fornecedor atual da organização encontra-se em uma situação confortável de alguma forma, pois tem certa previsibilidade da demanda e, até mesmo, lealdade. Sua principal preocupação é manter o padrão de qualidade no atendimento e, se possível, encontrar formas de surpreender sua organização cliente.

Agora, imagine que essa mesma indústria de tintas reconheceu que o estoque das embalagens usadas para envasar seus produtos ocupa um espaço considerável de sua área de armazenagem. Pensando em reduzir os custos de manutenção e de manuseio desse estoque, a empresa decide que as embalagens devem ser fornecidas em entregas diárias em vez de semanais, como estava acordado com seu fornecedor.

Nesse caso, é possível que a organização reinicie seu processo de decisão e, talvez, até passe a considerar outros fornecedores, além de promover uma negociação com o atual. Quando uma compra rotineira sofre modificações como essa, trata-se da chamada *recompra modificada*.

A recompra modificada é uma excelente oportunidade para que novos fornecedores apresentem suas propostas. Nessa situação, obviamente, é preciso pensar o que o fornecedor pode fazer de diferente pela organização.

Agora, imagine que um condomínio deseja contratar uma empresa para prestar serviços de limpeza das áreas comuns. Como o serviço de limpeza sempre foi realizado por funcionários próprios do condomínio, é a primeira vez que o síndico precisa procurar uma empresa terceirizada para prestar esse serviço. Nesse caso, necessariamente, o síndico passará por todo o processo de levantamento e avaliação das alternativas, negociação e escolha.

Esse tipo de situação de compra é nomeado *nova tarefa*. Considerando que situações de compra desse tipo, em empresas, costumam envolver montantes consideráveis de dinheiro e contratos de longa duração, você deve imaginar que o esforço empenhado na escolha é maior.

Para não se arrepender depois, o comprador procura o máximo de informações possíveis e deseja tudo muito bem expresso, nada implícito. Essa é uma grande oportunidade de conquistar um cliente organizacional, já que, se for estabelecida uma relação de confiança, ela tenderá a ser duradoura; mas, ao mesmo tempo, é um tipo de compra comumente marcada por uma concorrência extrema.

Vale ressaltar que nem sempre esse processo é feito com tanto esmero, nem sempre há um cuidado tão grande na coleta de informações confiáveis, e a análise dessas informações pode não ser tão criteriosa como afirmamos.

Primeiramente, devemos considerar que, em compras de menor complexidade, o empenho do comprador, normalmente, é menor, pois não há tanto dinheiro envolvido, e o resultado de uma compra malfeita não terá grandes impactos no desempenho da organização. Nesse caso, pequenos incentivos podem representar um grande diferencial em relação aos concorrentes.

Também precisamos considerar que nem sempre a compra organizacional é, de fato, racional. Embora represente uma organização, o comprador é também uma pessoa e, como tal, sujeito a vieses que podem direcionar sua decisão. Uma apresentação muito bem elaborada de um fornecedor pode encantar tanto o comprador a ponto de ele deixar de considerar aspectos técnicos de outro fornecedor.

Além disso, muitas vezes, existem outros interesses envolvidos além das vantagens da organização. Não são raros os casos em que um comprador privilegia empresas que pertencem a amigos ou familiares seus, mesmo que não sejam a melhor para a organização compradora. Em outras situações, ainda mais graves, a corrupção se instala e o comprador passa a privilegiar determinado fornecedor mediante propina. Infelizmente, você deve estar familiarizado com esse tipo de prática em razão da frequência com que aparece nos principais canais de notícias.

No mercado B2B, a gestão do relacionamento entre o fornecedor e a empresa compradora tende a ser ainda mais crítica do que no B2C. As transações costumam ser formalizadas por contratos longos e completos, e os acordos muito bem documentados para evitar discordâncias no futuro.

Cenário dos consumidores globais e brasileiros

Se você acessa o AliExpress, uma loja eletrônica chinesa que atende a clientes do mundo inteiro, pode ficar assustado com a variedade de produtos encontrados a um preço extremamente competitivo.

A possibilidade de um produto atravessar o mundo para ser consumido não é novidade. Por muito tempo, a chamada *rota da seda* permitiu que produtos produzidos no extremo leste da Ásia fossem comprados em mercados de países europeus. Mas, sem dúvida, o avanço tecnológico intensificou massivamente esse processo. O que, naquela época, demorava décadas, hoje, é concluído em dias.

Nesse contexto, podemos observar um mercado com cada vez menos barreiras geográficas. A troca de informações e de ativos culturais contribui também para uma mescla entre as culturas. Obviamente, boa parte das identidades culturais são preservadas, mas, mesmo em culturas muito diferentes, podemos identificar elementos em comum.

A pesquisa acadêmica em comportamento do consumidor, normalmente, busca conhecimentos genéricos que possam ser aplicados a consumidores do mundo inteiro, mas, ainda assim, observamos alguns casos que demonstram o impacto de diferenças culturais no comportamento de consumo.

Um estudo demonstrou que, quanto mais a população de um país aceita a desigualdade de poder e riqueza, menor é sua propensão a apoiar e contribuir com causas sociais (Winterich; Zhang, 2014). Se você está se perguntando o que isso tem a ver com o comportamento do consumidor, já que não estamos falando de uma transação de mercado nos moldes tradicionais, lembre-se de que potenciais doadores são um importante público-alvo de organizações sem fins lucrativos.

Estima-se que, atualmente, os meios de produção sejam suficientes para alimentar a população mundial. Mesmo assim, existem grandes diferenças nos padrões alimentares dos países, principalmente se compararmos países desenvolvidos aos em desenvolvimento (Abreu et al., 2001).

Existe um mercado que ilustra bem essas diferenças, os chamados produtos *kosher* e *halal*, que recebem certificação de que são produzidos de acordo com as exigências do judaísmo e do islamismo, respectivamente. Nesse caso, trata-se de diferenças culturais que afetam diretamente o comportamento de consumo. Empresas que desejam conquistar esses públicos precisam se submeter a rigorosos critérios, que podem modificar completamente sua linha de produção.

Todavia, mesmo diante de tantas diferenças, podemos também observar muitas semelhanças. Uma adolescente pode seguir uma blogueira que, ao fazer compras em Miami, divulga a marca Forever 21. Ainda que não possa ir a Miami, ela pode procurar lojas dessa marca no Brasil e ter acesso a um estilo de se vestir muito parecido com o da blogueira a quem segue.

Quantas vezes você se deparou com um comercial exibido na televisão (ou até mesmo no YouTube) e percebeu que a propaganda estava sendo dublada? Por que uma empresa multinacional, que certamente tem recursos suficientes para produzir uma peça específica para o mercado brasileiro, faz uma simples adaptação do mesmo comercial exibido nos Estados Unidos? Talvez, a diferença entre esses dois públicos não seja tão grande para algumas situações.

Ao mesmo tempo, muitos consumidores preferem optar por artigos produzidos localmente, a fim de estimular a economia e diminuir o impacto ambiental. Mesmo assim, esses consumidores se veem em situações de incoerência, em que acabam indo contra seus valores em razão dos desejos e das facilidades do mercado (Moraes; Carrigan; Szmigin, 2012).

Embora pensemos em características globais, comuns a consumidores no mundo inteiro, diferenças culturais ainda existem e se refletem no comportamento de consumo das pessoas. Enquanto o mercado religioso no Brasil está a todo vapor, até mesmo com polos turísticos como Aparecida do Norte, em São Paulo, igrejas históricas na Holanda foram transformadas em bares, livrarias e outros estabelecimentos. Percebe como é complexo falar em um consumidor global?

Podemos observar, também, que o perfil de formadores de opinião vem mudando consideravelmente. Há algum tempo, considerávamos como influenciadores, basicamente, as celebridades televisivas. Algumas ferramentas da internet, principalmente o YouTube, contribuíram para uma mudança significativa nessa realidade. Hoje, um dos canais do YouTube com maior número de seguidores no Brasil é o canal de Whindersson Nunes (que já mencionamos anteriormente), um canal de humor, com quase 24 milhões de inscritos. Não se esqueça de que do momento em que este livro foi escrito até o momento em que você chegou neste trecho, muita coisa pode ter mudado nesse cenário.

Vinte e quatro milhões de pessoas é um público considerável, não? Não é à toa que as marcas buscam esses chamados *influenciadores digitais* (ou *digital influencers*). Muitas marcas decidem patrocinar vídeos desses canais por ser uma forma de divulgá-la a um preço mais acessível do que o cobrado por uma grande emissora de televisão.

Usamos como exemplo um canal nacional, mas esse fenômeno se repete no mundo. Pessoas comuns, com apenas uma câmera, um computador com acesso à internet e um conteúdo que agrade a determinado público são o suficiente para o surgimento de um novo influenciador. No instante seguinte, as marcas estão disputando uma menção em um vídeo ou enviando presentes para que sejam abertos em vídeos especiais veiculados pelo Snapchat, um aplicativo em que as pessoas postam vídeos curtos ou fotos, que ficam disponíveis por apenas 24 horas.

Jogos eletrônicos, que há alguns anos eram apenas um instrumento para você se divertir sozinho ou com amigos, tornaram-se um gigantesco mercado que integra o mundo inteiro. Campeonatos realizados na Coreia do Sul ou nos Estados Unidos podem ser veiculados via internet para o mundo inteiro. Esses campeonatos podem envolver prêmios milionários para os vencedores e vêm ganhando cada vez mais adeptos, aliás, são tantos adeptos, que essas modalidades já ganharam *status* de esportes ou *e-sports*, como são mais conhecidos. Inclusive já comentamos como pode ser caro um acessório voltado especificamente a esse público.

E como fica o comportamento do consumidor brasileiro nesse contexto complexo? É igualmente complicado falar em consumidor brasileiro quando temos uma diversidade tão grande de culturas em um único país. O consumidor do interior do Mato Grosso certamente não tem as mesmas preferências e os mesmos costumes que o consumidor que mora na cidade do Rio de Janeiro. É importante que isso fique claro antes de discutirmos as características do consumidor brasileiro, a seguir.

Quando você for desenvolver uma estratégia para o mercado nacional, tenha em mente que tratamos aqui diz respeito a características genéricas. Qualquer situação em que uma empresa deseje desenvolver uma estratégia de segmentação levando essas características em consideração, deve passar por um estudo mais aprofundado do público-alvo com o qual pretende trabalhar.

Em geral, podemos observar que a população brasileira apresentou algumas mudanças significativas. Por exemplo, segundo Silva e Ritto (2012), o censo de 2010 (IBGE, 2010) mostrou que:

- » Em 16,3% dos casais com filhos, os filhos são de apenas um dos cônjuges, ou seja, são famílias compostas após um episódio de divórcio ou viuvez. No entanto, o censo de 2010 foi o primeiro a considerar esse fator, portanto é difícil comparar com o cenário anterior.
- » Houve um crescimento considerável no número de divórcios e outras formas de separação conjugal, que pode chegar a 5% da população. Parece pouco? Lembre-se de que 5% de uma população de 200 milhões de habitantes significa cerca de 10 milhões de pessoas. E pense, ainda, que esse número está considerando apenas o rompimento de uniões civis formalizadas.

» A população vem envelhecendo, o que, por um lado, representa uma mudança significativa no mercado, com novas demandas sendo criadas e certo padrão de consumo se estabelecendo. Mas, por outro lado, a diminuição da população economicamente ativa pode gerar um problema grave para a economia do país.

» Ocorreu uma inserção crescente da mulher no mercado de trabalho, o que contribui para que as pessoas busquem cada vez mais soluções que otimizem seu tempo.

Consumo consciente: impactos éticos, sociais e ambientais

O Relatório Brundtland (ONU, 1987), um dos marcos do início do debate sobre o que chamamos, hoje, de *sustentabilidade*, aponta que não será possível manter o desenvolvimento econômico no mundo se os padrões de consumo permanecerem os atuais. Todo o processo produtivo necessário à satisfação de nossas necessidades causa impactos ambientais. À medida que as populações crescem e têm mais acesso aos bens de consumo, esse impacto tende a também crescer.

A questão é que vivemos em um ambiente com recursos finitos, e muitos dos que usamos hoje para satisfazer nossas necessidades não são renováveis, ou seja, o planeta não consegue reproduzir esses recursos. Temos, então, um contexto que, evidentemente, precisa ser mudado. Os perigos de manter a lógica atual de consumo são praticamente um consenso entre cientistas de diversas áreas.

É comum ouvirmos o argumento de que esse contexto tem produzido um consumidor cada vez mais consciente dos impactos ecológicos de seu comportamento. Esse é um argumento comum e presente, inclusive, em diversos livros renomados de marketing. E se lhe disséssemos que essa não é bem a realidade da maioria dos consumidores?

O argumento de que o consumidor está mais preocupado com os impactos ambientais e reflete isso em suas preferências de consumo não é necessariamente falso, mas tem uma séria limitação: é válido apenas para uma pequena parte da população. Vamos refletir sobre isso considerando alguns fatos.

Em 2012, Donald John Trump postou na rede social Twitter a seguinte mensagem: "O conceito de aquecimento global foi criado pelos chineses a fim de comprometer a competitividade dos Estados Unidos"[1] (Trump, 2012, tradução nossa). A postagem recebeu 67 mil curtidas, foi compartilhada cerca de 105 mil vezes e recebeu tanto críticas quanto apoio.

Em 2017, Trump assumiu a presidência dos Estados Unidos, um dos países que mais polui e que passou a ser comandado por uma pessoa que não acredita nas evidências científicas de que as atividades da espécie humana são o fator que mais contribui para as alterações climáticas. Somando-se a isso, Trump está cercado de pessoas que compartilham sua crença, inclusive, o administrador da Agência de Proteção Ambiental (EPA) estadunidense (O homem..., 2017). Esse cenário revela que as preocupações ambientais não são um consenso, como gostaríamos de acreditar.

---

[1] "The concept of global warming was created by and for the Chinese in order to make U.S. manufacturing non-competitive."

Vários estudos científicos corroboram a ideia de que o consumidor não está tão consciente assim ou, pelo menos, não está consciente o suficiente para assumir grandes mudanças no comportamento de consumo. Na sequência, vamos abordar um pouco mais sobre alguns desses estudos.

A principal barreira que enfrentamos hoje para a promoção da sustentabilidade é que muitos produtos ecoamigáveis são mais caros e oferecem menor desempenho do que seus equivalentes com maior impacto ambiental (Lin; Chang, 2012). Como você deve imaginar, a maioria dos consumidores não está disposta a pagar mais por produtos menos eficazes (Olson, 2013). Sabemos dos impactos que nosso padrão de consumo pode causar, mas pagar mais caro por um produto pior vai contra a lógica que usamos por muito tempo em nossas decisões de compra, e romper com esse raciocínio não é tarefa fácil.

Como discutimos nos capítulos anteriores, as decisões de compra não são, necessariamente, 100% racionais. Existe uma boa dose de aspectos afetivos e emocionais que direcionam nossas decisões, mas grande parte do processo de escolha é guiado por um cálculo racional que compara os benefícios obtidos pelo produto e o preço que é pago por ele.

Em alguns casos, o consumo responsável está, até mesmo, internalizado como uma regra moral, ou seja, sabemos que consumir um tipo de produto pode não ser bem visto pela sociedade, no entanto, nem sempre essa norma é suficiente para nos impedir de realizar a compra. Imagine que você está passeando pelo centro da cidade e se depara com uma vitrine que expõe uma mala de viagem que, há muito tempo, você deseja comprar, mas nunca teve coragem em razão do preço elevado. Porém, nessa vitrine, o preço da mala está surpreendentemente mais baixo, e você logo entra na loja decidido a comprá-la. Ao conversar com o vendedor, você descobre que a mala é falsificada, ou uma réplica, como ele diz, tentando suavizar o dilema moral da situação. O que você faria?

Um estudo publicado por Kim, Kim e Park (2012) concluiu que a maioria dos consumidores pode aceitar ou rejeitar a compra em uma situação como essa, dependendo de um fator: a possibilidade de justificar a natureza moral do ato de realizar comprar, ou seja, se o consumidor for capaz de encontrar uma justificativa que alivie sua consciência, é bem provável que ele compre o produto, mesmo sabendo que não é um consumo responsável.

Infelizmente, são frequentes os casos em que marcas de roupas se envolvem em casos de uso de trabalho escravo na cadeia de produção. Se você der uma pausa na leitura para digitar no Google "trabalho escravo em marcas de roupas", pode assustar-se com a quantidade de notícias e de marcas renomadas que vai aparecer diante de seus olhos. Inclusive marcas consideradas luxuosas, cujo preço cobrado por suas peças não explica a atuação irresponsável delas. Os escândalos vêm e vão, e apesar de terem suas imagens arranhadas, essas marcas continuam operando e crescendo.

Entretanto, nossa intenção **não** é apresentar uma ótica pessimista ou dizer que o consumo consciente é uma mentira e que, na prática, as pessoas não se importam com a sustentabilidade. Na verdade, muita coisa tem, sim, mudado, inclusive, muitas empresas têm revisto suas práticas e outras têm surgido justamente de um questionamento desse *status quo*. Os estudos da reação dos consumidores aos conflitos éticos do mercado são um campo extremamente vasto, por isso, se fôssemos abordá-los profundamente, seria uma leitura muito extensa para a proposta desta obra. Nossa intenção com essa reflexão é apenas trazer uma perspectiva sobre a sustentabilidade, que julgamos ser pouco trabalhada nos principais livros de administração, marketing e comportamento do consumidor. Feita essa ressalva, vamos à evolução positiva que podemos observar no mercado com relação à sustentabilidade.

Entendendo que não adianta oferecer aos consumidores produtos mais caros com qualidade mais baixa, muitas empresas têm-se preocupado em desenvolver soluções com um apelo mais prático para o consumidor. Televisores LED, por exemplo, oferecem uma qualidade de imagem superior aos de LCD e, ao mesmo tempo, oferecem um consumo mais eficiente de energia. Nesse caso, estamos oferecendo um produto com maior qualidade e que também é mais ecoamigável, o que não exige do consumidor sacrifício para um consumo sustentável.

Mas essa discussão não é tão simples. Essa característica de boa parte dos produtos sustentáveis – oferecer um desempenho inferior por um preço superior – pode, até mesmo, ser um fator que os torne mais atrativos. Estranho, não?

Griskevicius, Tybur e Van Den Bergh (2010) descobriram que, se um produto sustentável for diferenciado dos demais, essa característica pode ser justamente o que torna ele atrativo para um público específico. A ideia por trás desse achado é que, por meio desse produto, o consumidor demonstra a seus pares seu alto grau de responsabilidade ambiental. Muitas vezes, ao saber que o produto é ecoamigável, os consumidores já assumem que ele é mais caro e menos eficaz (Lin; Chang, 2012).

Assim, comprar um produto que apresente um desempenho inferior e ainda pagar mais caro por isso pode ser usado como um símbolo de *status*. Com isso, o consumidor comunica não apenas que se preocupa com o meio ambiente, mas que pode e está disposto a pagar mais caro por isso. Mas cuidado! Isso não quer dizer que os consumidores preferirão produtos mais caros.

Por muito tempo, carros elétricos foram vistos pelos consumidores como opções problemáticas em relação aos movidos por combustíveis fósseis. Pelo menos até o lançamento dos veículos Tesla, com carros extremamente competitivos. Os veículos Tesla mostraram que um veículo elétrico pode ser extremamente potente – o Tesla modelo S foi considerado o sedan de quatro portas mais rápido da história –, eficiente, luxuoso e não necessariamente mais caro do que seus equivalentes movidos a combustível fóssil.

O museu de mineração de carvão de Kentucky, nos Estados Unidos, adaptou suas instalações para funcionar, exclusivamente, com energia gerada por painéis solares. Chega a ser irônico, não? Um museu dedicado a preservar a história da extração de uma das fontes mais poluentes de energia passou a usar uma fonte de energia ecoamigável. Isso em um país comandado por uma pessoa que não acredita que as mudanças climáticas são provocadas, principalmente, pelas emissões de gases de efeito estufa pela humanidade.

Em 2002, foi publicado um estudo interessante, que pode dar evidências do efeito da consciência ambiental sobre o comportamento dos consumidores. Durante o processo de pesca de atum, muitos golfinhos são pegos acidentalmente e morrem afogados. Após uma grande atenção da mídia sobre esse impacto, o estudo demonstrou que, provavelmente, houve preferência dos consumidores por produtos que apresentavam uma certificação de que seu processo produtivo era seguro para os golfinhos. Nesse caso, os consumidores pareceram dispostos a pagar um pouco mais para limpar de sua consciência a morte dos golfinhos, embora os atuns tenham continuado morrendo.

O consumo responsável não envolve apenas o cuidado com o meio ambiente. Você, provavelmente, já ouviu falar do tripé da sustentabilidade: a ambiental, a econômica e a social, ou seja, a atuação da empresa deve ser responsável também com seus impactos sobre o sistema econômico e sobre o bem-estar da sociedade à sua volta.

Algumas marcas de café, por exemplo, preocupam-se em assegurar que os produtores de café recebam um preço justo por seu produto (Loureiro; Lotade, 2005). Por se tratar de uma *commodity*, o preço que o produtor consegue obter por seu produto pode variar muito, e muitas empresas se aproveitam dessa situação para pagar valores absurdamente baixos. A criação de selos que garantam práticas de respeito aos produtores de café pode representar uma mudança no mercado, tornando-o mais responsável.

Uma campanha feita pela marca francesa de água engarrafada Volvic comprometia-se a gerar, para cada litro de água engarrafada que fosse vendida, dez litros de água potável para países da África com dificuldade de acesso a ela. Um estudo mostrou evidências de que, diante dessa campanha, os consumidores sentiam-se participantes na promoção da causa, como se pudessem contribuir para o desenvolvimento dessas comunidades por meio de sua transação, ou seja, por serem clientes da marca (Brei; Böhm, 2013).

Dessa forma, não podemos afirmar que os consumidores de hoje são responsáveis, mas, certamente, são mais responsáveis do que já foram.

Paralelamente a isso, observamos o crescimento de novas formas de consumo, como o consumo compartilhado. Muitos consumidores percebem que não precisam ter um produto para aproveitar seus benefícios, de modo que passam a surgir novos negócios, que disponibilizam ao consumidor acesso ao produto, em vez de posse.

Alguns autores chamam essa modalidade de *access-based*, ou *baseada no acesso*. No entanto, ainda é um pouco cedo para assumirmos que essa modalidade substituirá as transações tradicionais de bens duráveis, como os automóveis, pois, como já discutimos, o consumo não é apenas uma relação utilitária, mas também é carregado de significados. Por isso, em alguns casos, a posse pode estar associada a símbolos culturais que atraem o consumidor, ainda que, do ponto de vista racional utilitário, fosse mais interessante pagar apenas pelo uso do produto (Bardhi; Eckhardt, 2012).

A internet, como elemento que conecta pessoas, possibilitou também negócios, como o *site* Tem açúcar?[2], que também tem

---

[2] Disponível em: <http://www.temacucar.com/>. Acesso em: 30 ago. 2019.

uma versão de aplicativo para *smartphones*. Essa plataforma conecta pessoas que precisam de algum produto a pessoas próximas que tenham esse produto para emprestar. Imagine alguém que acaba de se mudar para um apartamento alugado e precisa instalar uma estante na parede. Se essa pessoa não tiver uma furadeira, é provável que não queira comprá-la apenas para essa tarefa, já que seria um investimento relativamente alto para algo que não se repetirá com tanta frequência. Nesse caso, a proposta do *site* seria bastante conveniente, não?

Síntese

Neste capítulo, discutimos as principais diferenças transgeracionais observadas atualmente. O contexto em que cada geração se desenvolve influencia a forma como ela interage com o mundo, portanto, é preciso conhecer essas características para desenvolver ofertas de valor e abordagens que sejam realmente apropriadas.

Além disso, destacamos que a interação dos consumidores de serviços tem características específicas que precisam ser consideradas. Serviços são intangíveis e perecíveis, o que significa que não são um produto físico, sendo consumidos à medida que são produzidos. Por isso, é crítico desenvolver evidências de que o consumidor pode confiar na capacidade da empresa de lhe entregar algo de modo satisfatório. Nesse sentido, podemos prestar atenção especial às evidências físicas que cercam o serviço prestado, pois elas podem moldar a impressão que o consumidor constrói. Outro público que vale ser olhado com mais cuidado é o consumidor organizacional, pois, nesse contexto, o processo de decisão é diferente daquele que acontece com o consumidor final. Uma característica bastante importante é o maior grau de racionalidade envolvendo a escolha, ou seja, a dimensão afetiva é menos relevante nesse cenário. Também nesse contexto, temos os diferentes papéis de compra desempenhados por pessoas diferentes, ou seja, o usuário, o comprador e o pagante são, comumente, atores diferentes, o que aumenta a complexidade dos processos que podemos desenhar para atingir cada um deles.

Neste capítulo, tratamos ainda de algumas características presentes no mercado brasileiro comparadas ao mercado global. Embora a globalização venha tornando cada vez mais evidente uma cultura global, não podemos negar que as características sociais e culturais de cada região ainda exercem um papel importantíssimo no desenvolvimento das preferências dos consumidores.

Por fim, abordamos o cenário atual em relação aos impactos do consumo, não somente ao meio ambiente, mas também às sociedades. Podemos perceber algumas mudanças na forma como os consumidores consideram esses impactos no processo de decisão, afinal, a disponibilidade de informações sobre esses impactos os tornam mais visíveis. No entanto, ainda notamos alguns sinais de que essa mudança acontece de maneira lenta, por isso, as ações das marcas devem ser muito cuidadosas, do contrário, podem ser ineficazes em convencer o consumidor a adotar uma postura mais ambientalmente amigável.

Questões para revisão

1. Avalie as afirmativas a seguir e a relação entre elas.

    I. Os produtos com apelo de sustentabilidade ambiental devem oferecer soluções inovadoras que apresentem uma boa relação custo-benefício.

    PORQUE

    II. Produtos sustentáveis que sejam mais caros têm mais chances de ser aceitos pela maioria dos consumidores, mesmo que ofereçam um menor desempenho.

    Agora, assinale a alternativa correta:

    a. As afirmativas I e II são proposições verdadeiras, e a II é uma justificativa correta da I.
    b. As afirmativas I e II são proposições verdadeiras, mas a II não é uma justificativa correta da I.
    c. A afirmativa I é uma proposição verdadeira, e a II é uma proposição falsa.
    d. A afirmativa I é uma proposição falsa, e a II é uma proposição verdadeira.
    e. As afirmativas I e II são proposições falsas.

2. Avalie as afirmativas a seguir e a relação entre elas.

    I. Empresas que atuam no comércio B2B devem dar especial ênfase aos aspectos racionais do processo de decisão de compra.

    PORQUE

    II. O processo de decisão de compra do consumidor é absolutamente racional e não deixa espaço para a influência das emoções.

Agora, assinale a alternativa correta:

a. As afirmativas I e II são proposições verdadeiras, e a II é uma justificativa correta da I.
b. As afirmativas I e II são proposições verdadeiras, mas a II não é uma justificativa correta da I.
c. A afirmativa I é uma proposição verdadeira, e a II é uma proposição falsa.
d. A afirmativa I é uma proposição falsa, e a II é uma proposição verdadeira.
e. As afirmativas I e II são proposições falsas.

3. Milena é responsável pelo processo produtivo de uma montadora de veículos. Na linha de produção, há uma máquina que, mesmo com a manutenção preventiva que vem sendo feita, tem apresentado problemas que a obrigam a parar a produção. Milena acredita que a empresa responsável pela manutenção da máquina está negligenciando o serviço e, por isso, decide procurar novos fornecedores. A situação de compra descrita é uma compra do tipo:

a. recompra simples.
b. consumo hedônico.
c. compra internacional.
d. recompra modificada.
e. nova tarefa.

4. Uma vez que serviços são intangíveis, os consumidores buscam evidências tangíveis que possam guiar sua percepção sobre sua qualidade do serviço comprado. De que forma um escritório de arquitetura poderia utilizar esse conhecimento para elaborar sua estratégia de marketing?

5. Quando discutimos o comportamento do consumidor, normalmente, pensamos nos consumidores finais. No entanto, os consumidores organizacionais têm características específicas que precisam ser consideradas. Nesse sentido, explique as principais diferenças entre os consumidores finais e os organizacionais.

Questão para reflexão

1. A responsabilidade ética na atuação das empresas é frequentemente ignorada pelos diversos atores a quem pode ser atribuída essa responsabilidade. Nesse contexto, procure mapear quais seriam esses atores e quais as respectivas responsabilidades para tornar mais responsáveis as ações da organização. Quais são as pressões a que cada um desses atores está submetido e como influenciam suas decisões?

considerações finais

Após a leitura desta obra, você já deve estar com a resposta na ponta da língua para esta pergunta: Qual a utilidade de conhecer o comportamento do consumidor?

O comportamento do consumidor não é completamente racional, mas é, em grande parte, previsível. A capacidade de entender as bases desse comportamento é um alicerce seguro para decidir e desenvolver ações para se comunicar com um público-alvo.

Nesta obra, apresentamos uma visão bastante abrangente do estudo do comportamento do consumidor, sem pretender, no entanto, esgotá-lo, até porque, pelo que percebemos nas publicações científicas, ele parece praticamente inesgotável.

O consumo é constantemente presente em nossas vidas, podemos perceber seus sinais mesmo em situações em que não é uma finalidade em si, mas apenas um meio (como em uma confraternização, por exemplo). Conhecer as bases do comportamento de consumo é, portanto, fundamental para o desenvolvimento de estratégias que façam uma marca estar presente em diversas dessas situações.

O processo de decisão de compra é mais complexo do que uma simples sequência de passos e não envolve apenas aspectos racionais. O profissional que compreende esse processo, bem como os fatores que podem afetá-lo, conquista grande potencial para gerar um diferencial a seus clientes.

Afinal, em última análise, as relações de mercado cumprem a finalidade de satisfazer demandas.

Surpreender, encantar e conquistar o consumidor são processos que exigem profunda capacidade de analisar e compreender seu comportamento. O que queremos dizer é que o processo de construção e de comunicação de uma marca não é apenas uma questão de criatividade, pois uma propaganda criativa pode até ter algum potencial de entreter o consumidor, mas, se não for criada sob medida, de modo a pensar nos gatilhos que pretende ativar na mente dele, deixará sua eficácia à mercê da sorte. Assim, levando em consideração o conhecimento das bases do comportamento de consumo, o profissional aumenta consideravelmente as chances de que as ações de marketing tragam o efeito desejado.

Conforme avançam nosso conhecimento e nossos métodos sobre a ciência comportamental, percebemos que não basta apenas intuição para desvendar os mecanismos mais eficazes para persuadir e influenciar o consumidor. Nesse sentido, gostaríamos de ressaltar a profunda complexidade que pode assumir a relação do consumidor com as marcas que fazem parte da sua vida.

Com esta leitura, esperamos que você também tenha percebido, talvez até principalmente, as influências do contexto de consumo sobre as decisões de compra. Situações como fase no ciclo de vida, estrutura familiar, variáveis demográficas, entre outras, podem ser altamente dominantes na escolha dos consumidores.

Para concluir, gostaríamos de fazer algumas sugestões para que você se aprofunde e se atualize nesse estudo.

Encorajamos que busque sempre a ponte entre a teoria que é desenvolvida e a aplicação prática nas organizações. Considerando que as publicações científicas mais influentes estão no idioma inglês, começaremos com essas indicações antes de apontar as produções brasileiras.

Indicamos o *Journal of Consumer Research* (*JCR*) para uma visão bastante abrangente sobre os avanços científicos a respeito do comportamento do consumidor em várias áreas, para que, a partir delas, você possa consultar outros periódicos mais específicos. Embora os artigos publicados tenham uma linguagem bastante científica, esse periódico tem um perfil no Twitter, que apresenta várias aplicações de seus estudos em uma linguagem muito mais simples. Basta seguir @JCRNEWS no Twitter.

No Brasil, temos a *Revista Brasileira de Marketing* (*Remark*) e a *Revista de Administração Contemporânea* (*RAC*), que oferecem conteúdo relevante produzido em português.

referências

AAKER, J. L. Dimensions of Brand Personality. **Journal of Marketing Research**, v. 34, n. 3, p. 347-356, Aug. 1997.

AAKER, J.; FOURNIER, S.; BRASEL, S. A. When Good Brands do Bad. **Journal of Consumer Research**, v. 31, n. 1, p. 1-16, June 2004.

ABREU, E. S. de et al. Alimentação mundial: uma reflexão sobre a história. **Saúde e Sociedade**, v. 10, n. 2, p. 3-14, 2001.

AGGARWAL, P. The Effects of Brand Relationship Norms on Consumer Attitudes and Behavior. **Journal of Consumer Research**, v. 31, n. 1, p. 87-101, June 2004.

ALVES, E. B.; BARBOZA, M. M.; ROLON, V. E. K. **Marketing de relacionamento**: como construir e manter relacionamentos lucrativos? Curitiba: InterSaberes, 2014. (Série Marketing Ponto a Ponto).

ANDERSON, E. W.; FORNELL, C. Foundations of the American Customer Satisfaction Index. **Total Quality Management**, v. 11, n. 7, p. 869-882, 2000.

ARIELY, D. **Previsivelmente irracional**. Rio de Janeiro: Elsevier, 2008.

BAGWELL, L. S.; BERNHEIM, B. D. Veblen Effects in a Theory of Conspicuous Consumption. **The American Economic Review**, v. 86, n. 3, p. 349-373, June 1996.

BARDHI, F.; ECKHARDT, G. M. Access-based Consumption: The case of Car Sharing. **Journal of Consumer Research**, v. 39, n. 4, p. 881-898, Dec. 2012.

BATRA, R.; AHUVIA, A.; BAGOZZI, R. P. Brand Love. **Journal of Marketing**, v. 76, n. 2, p. 1-16, Mar. 2012.

BAUMEISTER, R. F.; LEARY, Mark R. The Need to Belong: Desire for Interpersonal Attachments as a

Fundamental Human Motivation. Psychological Bulletin, v. 117, n. 3, p. 497-529, June 1995.

BELK, R. W. Possessions and the Extended Self. Journal of Consumer Research, v. 15, n. 2, p. 139-168, Sep. 1988.

BENTIVEGNA, F. J. Fatores de impacto no sucesso do marketing boca a boca on-line. RAE, v. 42, n. 1, p. 79-87, jan./mar. 2002.

BERGER, J. A.; WARD, M. Subtle Signals of Inconspicuous Consumption. Journal of Consumer Research, v. 37, n. 4, p. 555-569, Dec. 2010.

BOURDIEU, P.; MICELI, S. A economia das trocas simbólicas. São Paulo: Perspectiva, 1974.

BRASIL, V. S. Experiência de consumo: aspectos conceituais, abordagens metodológicas e agenda de pesquisa. In: ENCONTRO ANPAD, 31., 2007, Rio de Janeiro. Anais... São Paulo: Anpad, 2007.

BREI, V.; BÖHM, S. '1L=10L for Africa': Corporate Social Responsibility and the Transformation of Bottled Water into a 'Consumer Activist' commodity. Discourse & Society, v. 25, n. 1, p. 3-31, Nov. 2013.

BROUGH, A. et al. Is Eco-Friendly Unmanly? The Green-Feminine Stereotype and Its Effect on Sustainable Consumption. Journal of Consumer Research, v. 43, n. 4, p. 567-582, Aug. 2016.

BUTLER, J. Gender Trouble. New York: Routledge, 2002.

_____. Undoing Gender. New York: Routledge, 2004.

CALMON, L. Quais são as tendências para as marcas no futuro? Mundo do Marketing, 2 dez. 2013. Disponível em: <https://www.mundodomarketing.com.br/reportagens/marca/29375/quais-sao-as-tendencias-para-as-marcas-do-futuro.html>. Acesso em: 14 ago. 2019.

CAMARGO, T. O. O consumo: revisão teórica sobre as possíveis razões do "ir às compras" por meio de infográfico. Signos do Consumo, v. 7, n. 2, p. 176-190, dez. 2015.

CARVALHO, A. A. de; ALVES, J. E. D. As relações entre o consumo das famílias brasileiras, ciclo de vida e gênero. In: ENCONTRO NACIONAL DE ESTUDOS POPULACIONAIS, 17., 2010, Caxambú. Anais... Minas Gerais: Abep, 2010.

CERETTA, S. B.; FROEMMING, L. M. Geração Z: compreendendo os hábitos de consumo da geração emergente. RAUnP, v. 3, n. 2, p. 15-24, abr./set. 2011.

COBRA, M. Administração de marketing no Brasil. Rio de Janeiro: Elsevier, 2009.

CUNHA, J. 'Pink tax' encarece produtos voltados para mulheres. Folha de São Paulo, 5 jul. 2015. Disponível em: <http://www1.folha.uol.com.br/mercado/2015/07/1651761-pink-tax-encarece-produto-para-mulheres.shtml>. Acesso em: 19 maio 2019.

DCA – Department of Consumer Affairs. From Cradle to Cane: The Cost of Being a Female Consumer – A Study of Gender Pricing in New York City, Dec. 2015.

Disponível em: <https://www1.nyc.gov/assets/dca/downloads/pdf/partners/Study-of-Gender-Pricing-in-NYC.pdf>. Acesso em: 14 ago. 2019.

DEMCHENKO, Y. et al. Addressing Big Data Issues in Scientific Data Infrastructure. In: INTERNATIONAL CONFERENCE ON COLLABORATION TECHNOLOGIES AND SYSTEMS, 1., 2013, San Diego. Anais... p. 48-55.

EISENBERGER, N. I.; LIEBERMAN, M. D.; WILLIAMS, K. D. Does Rejection Hurt? An FMRI Study of Social Exclusion. Science, New York, v. 302, n. 5.643, p. 290-292, Oct. 2003.

ELDER, R. S. et al. So Close I Can Almost Sense it: the Interplay between Sensory Imagery and Psychological Distance. Journal of Consumer Research, v. 44, n. 4, p. 877-894, Dec. 2017.

ENGEL, J. F.; BLACKWELL, R. D.; MINIARD, P. W. Comportamento do consumidor. 8. ed. Rio de Janeiro: LTC, 2000.

FERREIRA, J. B. et al. A influência do ambiente de varejo nas compras por impulso em aeroportos. Pretexto, Belo Horizonte, v. 16, n. 3, p. 41-57, jul./set. 2015.

FESTINGER, L. A Theory of Cognitive Dissonance. Stanford: Stanford University Press, 1962.

FINCO, D. F. Relações de gênero nas brincadeiras de meninos e meninas na educação infantil. Pro-posições, v. 14, n. 3, p. 89-101, set./dez. 2003.

FONTENELLE, I. A. Os caçadores do cool. Lua Nova, v. 7, n. 63, p. 163-177, 2004.

_____. Psicologia e marketing: da parceria à crítica. Arquivos Brasileiros de Psicologia, Rio de Janeiro, v. 60, n. 2, p. 143-157, jun. 2008. Disponível em: <http://pepsic.bvsalud.org/scielo.php?script=sci_arttext&pid=S1809-52672008000200014&lng=pt&nrm=iso>. Acesso em: 14 ago. 2019.

FORNELL, C. A National Customer Satisfaction Barometer: The Sweedish Experience. Journal of Marketing, v. 56, n. 1, p. 6-21, jan. 1992.

FOURNIER, S. Consumers and Their Brands: Developing Relationship Theory in Consumer Research. Journal of Consumer Research, v. 24, n. 4, p. 343-373, Mar. 1998.

FOURNIER, S.; MICK, D. G. Rediscovering Satisfaction. The Journal of Marketing, v. 63, n. 4, p. 5-23, Oct. 1999.

FRANKENTHAL, R. Entenda o que é Big Data Marketing, seus 5V's e confira 2 estudos de caso. MindMiners Blog, 11 maio 2017. Disponível em: <https://mindminers.com/blog/o-que-e-big-data-marketing/>. Acesso em: 14 ago. 2019.

GIRL Toys vs Boy Toys: the Experiment. BBC Stories, 16 ago. 2017. Disponível em: <https://www.youtube.com/watch?v=nWu44AqF0iI&feature=youtu.be>. Acesso em: 14 ago. 2019.

GLADWELL, M. The Coolhunt. The New Yorker, 10 mar. 1997.

Disponível em: <https://www.newyorker.com/magazine/1997/03/17/the-coolhunt>. Acesso em: 14 ago. 2019.

GOLDSTEIN, N. J.; CIALDINI, R. B.; GRISKEVICIUS, V. A Room with a Viewpoint: Using social Norms to Motivate Environmental Conservation in Hotels. Journal of Consumer Research, v. 35, n. 3, p. 472-482, Aug. 2008.

GRISKEVICIUS, V.; TYBUR, J. M.; VAN DEN BERGH, B. Going Green to be seen: Status, Reputation, and Conspicuous Conservation. Journal of Personality and Social Psychology, v. 98, n. 3, p. 392-404, Mar. 2010.

GROSSMAN, L. The Quest for Cool. Time, 8 set. 2003. (Special Report: What's Next).

HAGTVEDT, H.; BRASEL, S. A. Color Saturation Increases Perceived Product Size. Journal of Consumer Research, v. 44, n. 2, p. 396-413, Jan. 2017.

HARLOW, H. F. The Nature of Love. American Psychologist, v. 13, n. 12, p. 673-685, 1958.

HASTREITER, S.; MARCHETTI, R.; PRADO, P. Tipologia de consumidores baseada nas razões e motivações de frequência em shopping centers. In: ENCONTRO ANPAD, 23., 1999, Foz do Iguaçú. Anais... São Paulo: Anpad, 1999.

HERR, P. M.; KARDES, F. R.; KIM, J. Effects of Word-of-Mouth and Product-Attribute Information on Persuasion: an Accessibility-Diagnosticity Perspective. Journal of Consumer Research, v. 17, n. 4, p. 454-462, Mar. 1991.

HILL, K. How Target Figured Out a Teen Girl was Pregnant Before her Father did. Forbes, 16 Feb. 2012. Disponível em: <https://www.forbes.com/sites/kashmirhill/2012/02/16/how-target-figured-out-a-teen-girl-was-pregnant-before-her-father-did/#d83e0e566686>. Acesso em: 14 ago. 2019.

HIRSCHMAN, E. C.; HOLBROOK, M. B. Hedonic Consumption: Emerging Concepts, Methods and Propositions. Journal of Marketing, v. 46, n. 3, p. 92-101, Summer 1982.

HOLT, D. B. Jack Daniel's America: Iconic Brands as Ideological Parasites and Proselytizers. Journal of Consumer Culture, v. 6, n. 3, p. 355-377, Nov. 2006.

_____. Why do Brands Cause Trouble? A Dialectical Theory of Consumer Culture and Branding. Journal of Consumer Research, v. 29, n. 1, p. 70-90, June 2002.

HONORATO, G. Conhecendo o marketing. Barueri: Manole, 2004.

IBGE – Instituto Brasileiro de Geografia e Estatística. Censo demográfico 2010. Disponível em: <https://www.ibge.gov.br/estatisticas/sociais/educacao/9662-censo-demografico-2010.html?t=destaques>. Acesso em: 20 ago. 2019.

IBGE – Instituto Brasileiro de Geografia e Estatística. Indicadores sociais mínimos – ISM: informações técnicas. Disponível em: <https://ww2.ibge.gov.br/home/estatistica/populacao/condicaodevida/indicadoresminimos/conceitos.shtm>. Acesso em: 14 ago. 2019.

JACOBY, J.; MAZURSKY, D. Linking Brand and Retailer Images: do the Potential Risks Outweigh the Potential Benefits? **Journal of Retailing**, v. 60, n. 2, p. 105-122, 1984.

KOHLI, A. K.; JAWORSKI, B. J. Market Orientation: The Construct, Research Propositions, and Managerial Implications. **Journal of Marketing**, v. 54, n. 2, p. 1-18, Apr. 1990.

KIM, J.; KIM, J.-E.; PARK, J. Effects of Cognitive Resource Availability on Consumer Decisions Involving Counterfeit Products: The Role of Perceived Justification. **Marketing Letters**, v. 23, p. 869-881, Sep. 2012.

KOTLER, P.; ARMSTRONG, G. **Princípios de marketing**. Tradução de Cristina Yamagami. 12. ed. São Paulo: Pearson Prentice Hall, 2007.

KOTLER, P.; KELLER, K. L. **Administração de marketing**. 12. ed. São Paulo: Pearson 2006.

KRISHNA, A. An Integrative Review of Sensory Marketing: Engaging the Senses to Affect Perception, Judgment and Behavior. **Journal of Consumer Psychology**, v. 22, n. 3, p. 332-351, July 2012.

_____. **Customer Sense**: How the 5 Senses Influence Buying Behavior. New York: Palgrave Macmillan, 2013.

LEÃO, J. Como é a experiência do consumidor no e-commerce brasileiro. **Experiência no Ecommerce**, 14 jun. 2015. Disponível em: <http://blog.experiencianoecommerce.com.br/infografico-como-e-a-experiencia-do-consumidor-no-ecommerce- brasileiro/>. Acesso em: 20 ago. 2019.

LIN, Y.-C.; CHANG, C. A. Double Standard: the Role of Environmental Consciousness in Green Product Usage. **Journal of Marketing**, v. 76, n. 5, p. 125-134, 2012.

LINDSTROM, M. **Brand Sense**: How to Build Powerful Brands through Touch, Taste, Smell, Sight & Sound. London: Kogan Page, 2005.

LOUREIRO, M. L.; LOTADE, J. Do Fair Trade and Eco-Labels in Coffee Wake up the Consumer Conscience. **Ecological Economics**, v. 53, n. 1, p. 129-138, 2005.

LUEDICKE, M. K.; THOMPSON, C. J.; GIESLER, M. Consumer Identity Work as Moral Protagonism: How Myth and Ideology Animate a Brand-Mediated Moral Conflict. **Journal of Consumer Research**, v. 36, n. 6, p. 1.016-1.032, 2009.

MAENG, A.; AGGARWAL, P. Facing Dominance: Anthropomorphism and the Effect of Product Face Ratio on Consumer Preference. **Journal of Consumer Research**, v. 44, n. 5, p. 1.104-1.122, 2018.

MALHOTRA, N. K. **Pesquisa de marketing**: uma orientação aplicada. Porto Alegre: Bookman, 2012.

MANTOVANI, D. et al. Impacto da distância social nas transgressões entre empresas e consumidores. **RAE**, v. 55, n. 5, p. 498-510, set./out. 2015.

MARCHETTI, R.; PRADO, P. H. M. Avaliação da satisfação do consumidor utilizando o método de equações estruturais: um modelo aplicado ao setor elétrico brasileiro. RAC, v. 8, n. 4, p. 9-32, out./dez. 2004.

_____. Um tour pelas medidas de satisfação do consumidor. RAE, v. 41, n. 4, p. 56-67, out./dez. 2001.

MASLOW, A. H. A Theory of Human Motivation. Psychological Review, v. 50, n. 4, p. 370-396, 1943.

MCCRACKEN, G. Cultura & consumo. Rio de Janeiro: Mauad, 2003.

_____. Culture and consumption: A theoretical Account of the Structure and Movement of the cultural meaning of consumer goods. Journal of Consumer Research, v. 13, n. 1, p. 71-84, 1986.

MEAD, N. L. et al. Social Exclusion Causes People to Spend and Consume Strategically in the Service of Affiliation. Journal of Consumer Research, v. 37, n. 5, p. 902-919, 2010.

MEYER, C.; SCHWAGER, A. Understanding Customer Experience. Harvard Business Review, v. 85, n. 2, p. 116-126, 2007.

MOLLOY, R.; SMITH, C. L.; WOZNIAK, A. Job Changing and the Decline in Long-Distance Migration in the United States. Demography, v. 54, n. 2, p. 631-653, 2017.

MORAES, C.; CARRIGAN, M.; SZMIGIN, I. The Coherence of Inconsistencies: Attitude-Behaviour Gaps and New Consumption Communities. Journal of Marketing Management, v. 28, n. 1-2, p. 103-128, 2012.

MUNIZ, A. M.; O'GUINN, T. C. Brand Community. Journal of Consumer Research, v. 27, n. 4, p. 412-432, 2001.

NASCIMENTO, E. Descubra como é "produzido" o cheiro de carro novo. Megacurioso, 21 abr. 2019. Disponível em: <https://www.megacurioso.com.br/carros/90623-descubra-como-e-produzido-o-cheiro-de-carro-novo.htm>. Acesso em: 14 ago. 2019.

NEWMAN, G. E.; GORLIN, M.; DHAR, R. When Going Green Backfires: How Firm Intentions Shape the Evaluation of Socially Beneficial Product Enhancements. Journal of Consumer Research, v. 41, n. 3, p. 823-839, 2014.

NORTON, M. I.; MOCHON, D.; ARIELY, D. The Ikea Effect: When Labor Leads to Love. Journal of Consumer Psychology, v. 22, n. 3, p. 453-460, 2012.

'O HOMEM é um estúpido': a crítica do papa aos que negam mudanças climáticas. BBC, 12 set. 2017. Disponível em: <https://www.bbc.com/portuguese/internacional-41237722>. Acesso em: 14 ago. 2019.

OLSON, E. L. It's not Easy Being Green: the Effects of Attribute Tradeoffs on Green Product Preference and Choice. Journal of the Academy of Marketing Science, v. 41, n. 2, p. 171-184, 2013.

ONU – Organização das Nações Unidas. Comissão mundial sobre meio ambiente e desenvolvimento. Our Common Future. 1987. Disponível em: <http://www.exteriores.gob.es/

Portal/es/PoliticaExteriorCooperacion/Desarrollosostenible/Documents/Informe%20Brundtland%20(En%20ingl%C3%A9s).pdf>. Acesso em: 19 maio 2019.

ORTIGOZA, S. A. G.; CORTEZ, A. T. C. (Org.). Da produção ao consumo: impactos socioambientais no espaço urbano. São Paulo: Ed. da Unesp, 2009.

PARASURAMAN, A.; BERRY, L. L.; ZEITHAML, V. A. Refinement and Reassessment of the SERVQUAL Scale. Journal of Retailing, v. 67, n. 4, p. 420, 1991.

_____. SERVQUAL: a Multiple-Item Scale for Measuring Consumer Perceptions of Service Quality. Journal of Retailing, v. 64, n. 2, p. 12-40, 1988.

PARK, C. W.; EISINGERICH, A. B.; PARK, J. W. Attachment-Aversion (AA) Model of Customer-Brand Relationships. Journal of Consumer Psychology, v. 23, n. 2, p. 229-248, 2013.

PEREIRA, B.; AYROSA, E. E. A. T.; OJIMA, S. Consumo entre gays: compreendendo a construção da identidade homossexual através do consumo. Cadernos Ebape.br, v. 4, n. 2, p. 1-16, 2006.

PETTY, R. E.; CACIOPPO, J. T. The Elaboration Likelihood Model of Persuasion. Advances in Experimental Social Psychology, v. 19, p. 123-205, 1986.

PROVOST, F.; FAWCETT, T. Data Science and its Relationship to Big Data and Data-Driven Decision Making. Big Data, v. 1, n. 1, p. 51-59, 2013.

ROBERTS, K. Lovemarks: o futuro além das marcas. São Paulo: M. Books, 2005.

ROGERS, E. M. Diffusion of Innovations. New York: The Free Press, 2003.

ROXBY, P. Meia taça de vinho por dia já eleva risco de câncer de mama, indica pesquisa. BBC News, 23 maio 2017. Disponível em: <https://www.bbc.com/portuguese/geral-40014257>. Acesso em: 14 ago. 2019.

SÁ, L. R. de et al. O consumidor infantil e sua influência no processo de decisão de compra da família. Interface, v. 9, n. 2, 2013.

SAGIROGLU, S.; SINANC, D. Big Data: a Review. In: INTERNATIONAL CONFERENCE ON COLLABORATION TECHNOLOGIES AND SYSTEMS, 1., 2013, San Diego. Anais... p. 42-47.

SAMARA, B. S.; MORSCH, M. A. Comportamento do consumidor: conceitos e casos. São Paulo: Pearson, 2005.

SARQUIS, A. B. et al. Marketing sensorial na comunicação de marca: um ensaio teórico. Revista Brasileira de Gestão e Inovação, v. 2, n. 3, p. 1-21, 2015. Disponível em: <http://www.ucs.br/etc/revistas/index.php/RBGI/article/view/3614>. Acesso em: 14 ago. 2019.

SCHAU, H. J.; MUÑIZ JÚNIOR, A. M.; ARNOULD, E. J. How Brand Community Practices Create Value. Journal of Marketing, v. 73, n. 5, p. 30-51, 2009.

SCHROEDER, J. E. The Cultural Codes of Branding. **Marketing Theory**, v. 9, n. 1, p. 123-126, 2009.

SCHUMANN, D. W.; HAUGDVEDT, C. P.; DAVIDSON, E. History of Consumer Psychology. In: HAUGDVEDT, C. P.; HERR, P. M.; KARDES, F. R. (Org.). **Handbook of Consumer Psychology**. New York: Taylor & Francis Group, 2008.

SHEPHERD, S.; CHARTRAND, T. L.; FITZSIMONS, G. J. When Brands Reflect our Ideal World: The Values and Brand Preferences of Consumers Who Support Versus Reject Society's Dominant Ideology. **Journal of Consumer Research**, v. 42, n. 1, p. 76-92, 2015.

SHETH, J. N.; MITTAL, B.; NEWMAN, B. I. **Comportamento do cliente**: indo além do comportamento do consumidor. São Paulo: Atlas, 2008.

SILVA, B. A. da; AZEVEDO, S. B. O comportamento do consumidor do e-commerce: fatores que influenciam o processo decisório de compra. In: CONGRESSO NACIONAL DE EXCELÊNCIA EM GESTÃO, 11., 2015, Rio de Janeiro. **Anais**... Disponível em: <http://www.inovarse.org/sites/default/files/T_15_205.pdf>. Acesso em: 14 ago. 2019.

SILVA, P. L.; RITTO, C. A nova família Brasileira. **Revista Veja**, 17 out. 2012. Disponível em: <https://veja.abril.com.br/brasil/a-nova-familia-brasileira/>. Acesso em: 14 ago. 2019.

SILVEIRA NETTO, C. F.; BREI, V. A.; FLORES-PEREIRA, M. T. O fim da infância? As ações de marketing e a "adultização" do consumidor infantil. **Revista de Administração Mackenzie**, v. 11, n. 5, p. 129-150, 2010.

SOLOMON, M. R. **O comportamento do consumidor**: comprando, possuindo e sendo. Tradução de Lene Belon Ribeiro. 7. ed. Porto Alegre: Bookman, 2008.

STRAHILEVITZ, M.; MYERS, J. G. Donations to Charity as Purchase Incentives: How Well they Work May Depend on What You are Trying to Sell. **Journal of Consumer Research**, v. 24, n. 4, p. 434-446, 1998.

SULIANO, D.; IRFFI, G.; VERAS, M. Diferenciais salariais entre casais heterossexuais e homossexuais no mercado de trabalho cearense. IPECE **Textos para Discussão**, n. 105, 2014.

TAY, L.; DIENER, E. Needs and Subjective Well-Being around the World. **Journal of Personality and Social Psychology**, v. 101, n. 2, p. 354, 2011.

THALER, R. H.; SUNSTEIN, C. R. **Nudge**: Improving Decisions about Health, Wealth, and Happiness. New Haven: Yale University Press, 2008.

TORELLI, C. J. et al. Brand Concepts as Representations of Human Values: do Cultural Congruity and Compatibility between Values Matter? **Journal of Marketing**, v. 76, n. 4, p. 92-108, 2012.

TROPE, Y.; LIBERMAN, N.; WAKSLAK, C. Construal Levels and Psychological Distance: Effects on Representation, Prediction, Evaluation, and Behavior. **Journal of Consumer Psychology**, v. 17, n. 2, p. 83-95, 2007.

TRUMP, D. J. The concept of global warming was created by and for the Chinese in order to make U.S. manufacturing non-competitive. **Twitter**, 6 nov. 2012. Disponível em: <https://twitter.com/realdonaldtrump/status/265895292191248385?lang=pt>. Acesso em: 30 ago. 2019.

TV UNINTER. Marketing sensorial. **Programa Tendência & Mercado**, 8 ago. 2014. Disponível em: <https://youtu.be/zussPo4zQ24>. Acesso em: 14 ago. 2019.

VALDEJÃO, R. 6° Google: já ouviu falar de Lovemark? **Época Negócios**. Disponível em: <http://epocanegocios.globo.com/Revista/Common/0,,ERT193881-16355,00.html>. Acesso em: 14 ago. 2019.

VALLONE, R. P.; ROSS, L.; LEPPER, M. R. The Hostile Media Phenomenon: Biased Perception and Perceptions of Media Bias in Coverage of the Beirut Massacre. **Journal of Personality and Social Psychology**, v. 49, n. 3, p. 577-585, 1985.

VEBLEN, T. **The Theory of the Leisure Class**. New York: The Modern Library, 1934.

VERHOEF, P. C. et al. Customer Experience Creation: Determinants, Dynamics and Management Strategies. **Journal of Retailing**, v. 85, n. 1, p. 31-41, 2009.

VIEIRA, V. A. As tipologias, variações e características da pesquisa de marketing. **Revista da FAE**, v. 5, n. 1, 2002. Disponível em: <https://revistafae.fae.edu/revistafae/article/view/>. Acesso em: 14 ago. 2019.

WANG, W.; KRISHNA, A.; MCFERRAN, B. Turning off the Lights: Consumers' Environmental Efforts Depend on Visible Efforts of Firms. **Journal of Marketing Research**, v. 54, n. 3, p. 478-494, 2017.

WEST, C. ZIMMERMAN, D. H. Doing gender. **Gender & Society**, v. 1, n. 2, p. 125-151, 1987.

WHITE, K.; DAHL, D. W. To be or not be? The Influence of Dissociative Reference Groups on Consumer Preferences. **Journal of Consumer Psychology**, v. 16, n. 4, p. 404-414, 2006.

WINTERICH, K. P.; ZHANG, Y. Accepting Inequality Deters Responsibility: How Power Distance Decreases Charitable Behavior. **Journal of Consumer Research**, v. 41, n. 2, p. 274-293, 2014.

YIM, C. K.; TSE, D. K.; CHAN, K. W. Strengthening Customer Loyalty through Intimacy and Passion: Roles of Customer-Firm Affection and Customer-Staff Relationships in Services. **Journal of Marketing Research**, v. 45, n. 6, p. 741-756, 2008.

ZHANG, Y.; FEICK, L.; MITTAL, V. How Males and Females Differ in their Likelihood of Transmitting Negative Word of Mouth. **Journal of Consumer Research**, v. 40, n. 6, p. 1097-1108, 2013.

respostas

capítulo 1

1. d
2. c
3. c
4. A Primeira Revolução Industrial promoveu profundas mudanças nas relações de trabalho, com a acentuação de conflitos de classes. Também foi marcada pela intensificação dos fatores de produção e, consequentemente, pelo crescimento da produtividade dos bens de consumo. Esse cenário lançou as bases para uma crescente urbanização, observada nas décadas seguintes, que modificou os hábitos de consumo da sociedade, principalmente nos grandes centros urbanos.
5. O consumo utilitário é aquele em que o consumidor busca essencialmente os benefícios funcionais do produto, já o consumo hedônico está associado à busca do prazer por meio da experiência de consumo. Esse não é, no entanto, um conceito binário, sendo possível encontrar formas de consumo intermediárias a esses dois extremos.

capítulo 2

1. b
2. c
3. d

4. Ao escolher uma celebridade como porta-voz, a marca pretende associar--se à sua credibilidade. A personalidade que se forma em torno da celebridade no imaginário popular também passa a ser associada à marca, o que, por sua vez, demanda um cuidado especial para que a marca seja desvencilhada rapidamente da celebridade na ocorrência de comportamentos controversos.

5. A definição de uma estratégia de marketing pode ser muito beneficiada pelo reconhecimento de padrões de papéis exercidos pelos consumidores no processo de decisão de compra. Esse reconhecimento permite identificar os elementos críticos e promover a preferência pela oferta de valor da empresa, já que, a cada papel desempenhado, o consumidor será sensível a estímulos com uma abordagem específica.

capítulo 3

1. d
2. c
3. c
4. Na fase de identificação da necessidade, o consumidor percebe uma discrepância entre o estado em que está e o que gostaria de estar. As ações de gestão para lidar com essa fase dependem do tipo de demanda em questão. Caso seja um produto de demanda primária, a ênfase será na existência da necessidade mais eficaz. Por sua vez, uma demanda secundária é mais coerente com um convencimento de que a marca é a opção mais adequada para a necessidade em questão. A fase de busca de informações é aquela em que o consumidor passa a

procurar informações sobre opções de consumo que possam suprir a necessidade reconhecida. Nessa fase, é preciso compreender o padrão de busca do consumidor e garantir que a mensagem da marca transponha as barreiras de percepção. A fase de avaliação das alternativas tem início quando o consumidor se engaja em comparar as alternativas levantadas, bem como suas vantagens e desvantagens. Nessa fase, é essencial que a oferta de valor da marca esteja em evidência em relação às demais. Também é preciso compreender os processos de decisão nos quais o consumidor se engaja. A fase de resultado ocorre quando o consumidor finalmente toma sua decisão de consumo. Nesse ponto, é importante que haja suporte para que a experiência de consumo seja coerente com a expectativa criada pelo consumidor, a fim garantir sua satisfação.

5. A satisfação depende da percepção do consumidor de que a experiência de consumo foi coerente com suas expectativas. Nesse caso, é importante buscar um profundo conhecimento acerca dessas expectativas para que a oferta de valor seja elaborada com uma melhor fundamentação. É preciso considerar que parte dessa expectativa é justamente formada a partir da mensagem da marca, portanto, é preciso responsabilidade na formulação da abordagem de comunicação.

capítulo 4

1. d
2. b

3. a
4. Paulo está na fase de busca de informações. Nessa fase, é importante compreender o padrão de busca do consumidor e garantir que a mensagem da marca transponha as barreiras de percepção. Como a busca está sendo feito pela internet, a empresa pode alcançá--lo por meio de ferramentas de marketing digital, fortalecendo sua presença nesse ambiente.
5. É preciso considerar que o chocolate está normalmente associado ao consumo hedônico, por isso é importante que a mensagem seja coerente com esse tipo de necessidade. Considerando que, no ambiente *on-line*, a empresa não tem a possibilidade de recorrer a elementos sensoriais de olfato, paladar e tato, é preciso um cuidado especial na composição das imagens, de modo que as sensações sejam transmitidas de outra forma, como por texturas ou outros elementos que sinalizem essas sensações. A composição da imagem da marca na mente do consumidor será um elemento crítico, que dependerá da definição do público-alvo.

capítulo 5

1. a
2. d
3. e
4. O consumo utilitário está associado a uma grande preocupação com as características funcionais do produto e, portanto, relacionado à proposta de um baixo preço, entregando

a funcionalidade de modo satisfatório. Já o consumo hedônico está associado à busca pelo prazer por meio da experiência de consumo. No caso da marca Rolex, o consumidor busca essencialmente o *status* social que a marca pode lhe garantir, portanto, recorre à marca para aprimorar suas experiências de interação social.

5. Os consumidores buscam coerência entre a imagem que têm de si mesmos e aquilo que consomem. Uma construção clara dos valores das marcas, demonstrando que são congruentes ao que o consumidor deseja expressar, é um elemento de aproximação e conexão. Esse tipo de abordagem diminui a sensibilidade do consumidor para a diferença de preços.

capítulo 6

1. c
2. c
3. d
4. Ao interagir com a empresa em questão, o consumidor busca aspectos no ambiente para construir sua percepção sobre sua competência. A composição de um ambiente agradável, harmonioso, bem planejado e com bom acabamento pode ajudar o consumidor a concretizar os resultados que a empresa é capaz de entregar. Essa composição pode depender do público-alvo que se espera atingir, pois a empresa poderia optar por compor um escritório com estilo semelhante ao que o consumidor deseja.
5. O consumidor organizacional normalmente tem seu processo de decisão pautado

por critérios racionais de escolha, portanto, é mais desafiador promover conexão com a marca por meio de componentes afetivos. Nesse mercado, também é comum que os papéis do consumidor sejam desempenhados por pessoas diferentes e, frequentemente, até mesmo em departamentos diferentes.

sobre os autores

Lucas Magalhães de Andrade é mestre em Administração pela Universidade Federal do Paraná (UFPR), atuando na linha de pesquisa Estratégia de Marketing e Comportamento do Consumidor. Também é graduado em Administração pela UFPR. Atuou na elaboração de materiais didáticos para o ensino a distância e em pesquisas de temas como ciência comportamental, comportamento do consumidor, inteligência de mercado, ciência de dados, responsabilidade social corporativa e sustentabilidade.

Ademir Moreira Bueno é mestre em Sociologia pela Universidade Federal do Paraná (UFPR), especialista em Treinamento e Desenvolvimento de Pessoas pela FAE/CDE e bacharel em Psicologia pela Universidade Estadual de Maringá (UEM). Atuou em respeitadas companhias, tanto nacionais quanto multinacionais, na liderança de inúmeras equipes de trabalho, tendo planejado e executado vários projetos com excelentes resultados nas áreas de recrutamento, seleção, treinamento e outros voltados à educação. Com experiência de 18 anos no ensino superior, é professor de disciplinas de graduação e pós-graduação como Comportamento do Consumidor, Gestão de Pessoas, Psicologia e Comportamento Organizacional, Recrutamento e Seleção, Empreendedorismo, Responsabilidade Social, Ética e Negociação.

Os papéis utilizados neste livro, certificados por instituições ambientais competentes, são recicláveis, provenientes de fontes renováveis e, portanto, um meio responsável e natural de informação e conhecimento.

FSC
www.fsc.org
MISTO
Papel | Apoiando o manejo florestal responsável
FSC® C103535

Impressão: Reproset

UNINTER